Das Asperger-Syndrom
Alltag, Schule und Beruf

Katja Carstensen

*Es sprießen aus der Gesellschaft nur dann
wertvolle Leistungen hervor, wenn sie genügend
gelockert ist, um dem Einzelnen freie Gestaltung
seiner Fähigkeiten zu ermöglichen*

Albert Einstein

Inhalt

Vorwort	*Seite 3- 5*
Danke	*Seite 7*
Das Asperger-Syndrom	*Seite 9-16*
Alltag und Schule	*Seite 17-56*
Ausbildung und Beruf	*Seite 57-75*
Eigenständig und eigenverantwortlich leben	*Seite 75-80*
Kurzkonzept „Ich packs" (von Carsten Donath)	*Seite 81-87*
Adressenliste	*Seite 89-90*

Herstellung und Verlag:
Books on Demand GmbH, Norderstedt
ISBN 978-3-8370-2126-4

Der Mensch mit dem Asperger-Syndrom muss sich im Laufe des Erwachsens werden, und auch noch im Leben als Erwachsener, mit den unterschiedlichsten Schwierigkeiten in seinem Alltag auseinandersetzen. Schule, Beruf und Alltag zu bewältigen sind oft keine Selbstverständlichkeit und manchmal wird Hilfe benötigt.

Da ich selber zu diesen Menschen gehöre, bin ich mit einigen dieser Schwierigkeiten durchaus gut vertraut. Ich habe einige Tricks entwickelt um mir den Alltag teilweise etwas zu erleichtern, um mit meinen Eigenarten besser zurecht zu kommen und es meiner Umwelt zu ermöglichen mich besser zu verstehen. Wichtig ist es aber vor allem aufzuklären. Nicht immer ist es für Nicht-Autisten möglich, das autistische Denken zu verstehen und nachzuvollziehen. Das wäre vermutlich auch etwas zuviel verlangt. Akzeptanz und Toleranz sind Dinge die nichts kosten, uns helfen im Alltag zu bestehen und unseren Platz in der Gesellschaft zu finden. Eigenständigkeit, Selbstwertgefühl und Selbstbewusstsein sind für den autistischen Menschen genauso wichtig wie für jeden anderen Menschen auch. Seine Stärken zu kennen und selbstbewusst zu vertreten, aber auch zu seinen Defiziten zu stehen und sich gegebenenfalls Hilfe zu besorgen sollte meiner Meinung nach ein wichtiges Ziel sein und zu einer Selbstverständlichkeit werden. Autisten sind oft zu hervorragenden Leistungen fähig, sie arbeiten sorgfältig und genau und lassen auch winzige Details nicht außer Acht. In anderen Ländern gibt es bereits Firmen, die sich diese Eigenschaften zu nutze machen und Autisten an die dementsprechenden Arbeitsplätze vermitteln. Diese Firmen arbeiten mit großem Erfolg. Sie vermitteln nicht nur die Arbeitsplätze einerseits sondern achten auch darauf, dass diese Arbeitsplätze auf die Bedürfnisse des Einzelnen abgestimmt sind. Dadurch hat nicht nur der Mensch mit Autismus Vorteile, sondern auch der Arbeitgeber. Er bekommt einen äußerst zuverlässigen Mitarbeiter, der seine Aufgaben sehr sorgfältig erledigen wird, zu kreativem Denken fähig ist und somit die Firma bereichert. In Deutschland setzt dieses Denken nur langsam ein, aber ein Weg dorthin ist durch die vermehrte öffentliche Aufmerksamkeit für das Asperger-Syndrom geebnet.

Das vorliegende Buch ist genau wie das bereits erschienene „Das *Asperger-Syndrom, Sexualität, Partnerschaft und Eltern sein*", kein reines Sachbuch. Ich habe hier wieder viel Eigenerfahrung mit einbezogen. Ebenso aber auch die Erfahrungen anderer autistischer Menschen, die ich über meine Homepage kennen gelernt habe. Auch habe ich versucht die Schwierigkeiten von Eltern, Angehörigen und Freunden mit einzubeziehen und ihnen die nötige Aufmerksamkeit zu geben, da ich mir wünsche das dieses Buch für alle, die sich dafür

interessieren ein Ratgeber sein mag und hilft das gegenseitige Verständnis zu verbessern.
Den Anspruch der Objektivität erhebe ich genauso wenig wie den der Allgemeingültigkeit. Der autistische Mensch ist genauso individuell wie der Nicht-Autist. Vorrangig sind wir alle vor allem Menschen mit Bedürfnissen und Wünschen an unser Leben. Wir alle haben den Wunsch so zu Leben, dass wir zufrieden und glücklich sind. Die Wege die dorthin führen sind unterschiedlich und von den Möglichkeiten des Einzelnen abhängig, aber auch von der Akzeptanz und Toleranz seiner Umwelt.

Ich gehe von einer gewissen Vorkenntnis über das Asperger-Syndrom aus, werde aber dennoch im nachfolgenden Kapitel dieses kurz beschreiben und auch auf andere autistische Variationen eingehen.

"Die Freude an meinen Gedanken ist die Freude an meinem eigenen seltsamen Leben"

Wittgenstein

Mein Dank gilt allen Menschen die mir ihre Erfahrungen zur Verfügung gestellt haben und mir bei der Erstellung dieses Buches behilflich waren. Besonders danke ich meinen Freunden Kirsten und Sven Stebel, die es mir erst ermöglicht haben ein bisschen von dieser, für mich so verrückten Welt zu verstehen und somit dieses Buch, ebenso wie die bereits vorliegenden Bücher, erst möglich gemacht haben. Außerdem danke ich Sven für seine lektorische Arbeit.

Danken möchte ich auch Joachim Eggers für die „Pappnasenkinder" und Carsten Donath für das Kurzkonzept „Ich packs".

*„Asperger-Autisten verhalten sich so anders,
dass sie gar nicht merken, wie anders sie sich
verhalten."*

Hendrik (Asperger-Autist)

Das Asperger-Syndrom

Was autistische Menschen im Umgang mit anderen Menschen besonders beeinträchtigt, das ist die Schwierigkeit, den Sinngehalt aus der Sprache zu entnehmen, Absichten in den Handlungen der Mitmenschen zu erkennen und emotionale Äußerungen (Freude, Ärger, Trauer...) in der Mimik, Gestik und Sprachmelodie richtig zu verstehen. Gleichfalls fällt es uns schwer, eigene Empfindungen durch den Gebrauch von Mimik und Gestik verständlich mitzuteilen.

Das Agieren in der Gesellschaft ist für Menschen mit dem Asperger-Syndrom ein wahrer Drahtseilakt. Wir liegen mehr unten, als das wir uns auf dem Seil halten. Jedes Fettnäpfchen das sich bietet, nehmen wir gerne mit und sind Meister in ungewollten Unhöflichkeiten. Wir glänzen mit emotionaler Naivität, die Absichten unserer Mitmenschen sind uns häufig ein Rätsel. Oft verstehen wir Gesagtes wortwörtlich. Ironie und Wortspielereien können wir selten nachvollziehen, dieses allerdings bei viel Übung durchaus bis zu einem gewissen Grad lernen (bei Menschen die wir gut kennen).
Redewendungen wie: „Abends werden die Bürgersteige hochgeklappt" oder „Da geht einem ja der Hut hoch", „Dem ist wohl eine Laus über die Leber gelaufen" usw., die also gängig sind und sich häufig wiederholen, erlernen wir meistens ziemlich schnell und verstehen auch das was damit gemeint ist, wenn man es uns einmal erklärt. Bei mir lösen solche Redewendungen

allerdings immer noch Erheiterung aus, da ich wie viele Autisten sehr bildlich denke.

Routinen, Regeln und Rituale haben eine hohe Bedeutung, sie nicht einhalten zu können, kann uns emotional heftig aus der Bahn werfen. Ebenso ungeplanter Besuch und nicht vorhersehbare Ereignisse. Wir neigen sehr dazu möglichst viel zu ritualisieren und Regeln aufzustellen. Routine, Regeln und Rituale vermitteln uns ein hohes Maß an Sicherheit, die wir in unserer oft so verwirrenden Umwelt dringend benötigen. Flexibilität gehört folglich nicht gerade zu unseren Stärken.

Durch unsere häufig gute bis hohe Intelligenz, fällt es unseren Mitmenschen manchmal schwer zu erkennen und zu akzeptieren, dass wir eine Behinderung haben und manchmal Toleranz und Hilfe benötigen. Auf den ersten Blick erscheinen Menschen mit dem Asperger-Syndrom völlig "normal" zu sein. Unsere autistische Störung äußert sich nicht so augenscheinlich wie bei Menschen mit frühkindlichem Autismus, was aber nicht bedeutet, dass unsere Beeinträchtigungen unwesentlich oder geringfügig sind. Auf Grund der veränderten Wahrnehmung sind autistische Menschen in vielen Lebensbereichen beeinträchtigt, dieses gilt auch für das Asperger-Syndrom.

Erstmals beschrieb der Wiener Kinderpsychiater Hans Asperger 1943 eine Gruppe Kinder mit einer "autistischen Persönlichkeitsstörung", die viele Auffälligkeiten mit den Kannerschen Typus gemeinsam hat. Doch diese Kinder lernten früher sprechen; sie konnten sich oft gewählt ausdrücken, verfügten über mindestens durchschnittliche intellektuelle Fähigkeiten und entwickeln ausgeprägte Sonderinteressen (z.B. Seeräuber, Fahrpläne, Kirchenglocken), mit denen sie sich nachhaltig und oft zwanghaft beschäftigten. Asperger beschrieb in seiner Veröffentlichung vier Jungen, die er als autistische Psychopaten bezeichnete. Auffällig an diesen Kindern war, dass sie bei durchschnittlich bis hoher Intelligenz einen Mangel an Empathie, Unfähigkeit Freundschaften zu schließen, Störungen im Blickkontakt, Gestik Mimik und Sprachgebrauch aufwiesen. Sie verhielten sich selbstbezogen und konnten nicht auf andere Menschen eingehen oder sich in diese hineinfühlen. In ihrem oft angstvollen Verhalten, fehlte die affektive Beteiligung. Asperger nannte diese Kinder "Kleine Professoren", weil sie über ihre Spezialinteressen detailliert sprechen konnten und in diesem Bereich oft erstaunliches Wissen ansammelten.

Hans Asperger verfasste seine Veröffentlichung überwiegend auf Deutsch, dadurch war seine Arbeit zunächst wenig bekannt. Erst in den 1990er Jahren fand seine Arbeit Beachtung in internationalen Fachkreisen. 1980 führte die englische Professorin Lorna Wing die Arbeiten Hans Aspergers fort und definierte die Bezeichnung Asperger-Syndrom. Erst 1993 bzw. 1994 wurde das Asperger-Syndrom in den gängigen Diagnosesystemen ICD-10 und DSM-IV aufgenommen und zählt zu den tiefgreifenden Entwicklungsstörungen.

Neben Autismus (ein Begriff, der sich mit Selbstbezogenheit, Abkapselung oder Rückzug in die eigene psychische Welt übersetzen ließe) finden auch noch andere Bezeichnungen Verwendung: frühkindlicher Autismus, autistische Störungen, autistisches Syndrom, Asperger Syndrom, High-functioning-autism und atypischer Autismus. Es handelt sich hierbei um verschiedene Spielarten aus dem autistischen Spektrum (ASD - Autistic Spectrum Disorders). Heute wissen wir, dass Autismus in völlig unterschiedlichen Schweregraden und in Kombinationen mit anderen Behinderungen in Erscheinung treten kann. Es gibt autistische Menschen, die gleichzeitig geistig behindert sind (ca. 70%) oder eine weitere Krankheit oder Behinderung haben (z.B. Tuberöse Sklerose, Neurofibromatose, Phenylketonurie, Fragiles X-Syndrom u. v. a., vgl. Baron-Cohen, Bolton 1993). Andere können mit ihrer Behinderung durchaus eine höhere Schule besuchen, eine qualifizierte Ausbildung absolvieren und ein hohes Maß an Selbstständigkeit erreichen.
Als typisches Behinderungsbild gilt das Kanner-Syndrom, als leichtere Form das Asperger-Syndrom. Syndrom bedeutet, dass mehrere, hier bis zu 60 einzelne Auffälligkeiten oder Symptome beobachtet werden können, die allerdings nicht alle gleichzeitig vorkommen müssen. Ein atypischer Autismus findet sich bei in der Regel

schwerstbeeinträchtigten Menschen, bei denen nicht alle wichtigen Symptome vorkommen. High-functioning-autism (Autismus mit hohem Funktionsniveau) gilt als symptomatisch etwas unklare Bezeichnung für Personen mit Kanner-Syndrom, die über herausragende Fähigkeiten in Teilgebieten (z.B. Musik, Kalenderrechnen, Zeichnen, Merkfähigkeit) verfügen.

Als Erstbeschreiber des "Frühkindlichen Autismus" gilt der amerikanische Psychiater Kanner, der 1943 eine ganze Reihe typischer Gemeinsamkeiten für die Fachwelt zusammengetragen hat. Er ging damals davon aus, dass es sich nur um eine kleine Gruppe von betroffenen Kindern handelte. Heute wissen wir, dass nicht nur 4 oder 5 (die so genannte Kerngruppe), sondern bei einem breiteren diagnostischen Schlüssel sogar 15 bis 40 von 10000 Kindern - vorwiegend Jungen (hier gibt es verschiedene Studien die von einem Verhältnis von 4:1 bis 8:1 ausgehen) - von dieser Behinderung betroffen sind. Für Deutschland bedeutet dies, dass es erheblich mehr autistische als blinde Menschen gibt. Mindestens 41.000 Menschen mit der Diagnose Kanner-Syndrom und bis zu 205.000 mit Diagnosen aus dem restlichen autistischen Spektrum leben also unter uns. Das ist gemessen an der Gasamtbevölkerung in Deutschland von 82.369.548 Einwohnern eine nicht ganz unerhebliche Anzahl. Hinzu kommt noch eine Dunkelziffer, die vor allem das Asperger-Syndrom betrifft, Studien gehen heute von 0,3-1% der Bevölkerung aus. Menschen mit einer leichten Form des Asperger-Syndroms und einer zufrieden stellenden beruflichen Situation fallen häufig gar nicht auf und werden allenfalls als etwas sonderlich wahrgenommen.

Autismus ist in der Bevölkerung, wenn überhaupt, vor allem in der Form des Kanner-Syndroms ein Begriff. Selbst Pädagogen und Ärzte sind über das Asperger-Syndrom entweder gar nicht oder nur sehr wenig informiert.

Zu einem Teil hat der Film „Rainman" mit Dustin Hoffmann zu einem erhöhten Interesse an Autismus beigetragen. Menschen wie der von Dustin Hoffmann dargestellte Rainman faszinieren durch die Diskrepanz ihrer Hilflosigkeit im Alltagsleben und ihrem unglaublichen Wissen auf Teilgebieten. Diese besonderen Menschen werden auch als Savants (die Wissenden) bezeichnet und stellen nur einen sehr kleinen Teil der Menschen im autistischen Spektrum dar. Das Wissen über das sie auf ihrem Spezialgebiet verfügen ist so erstaunlich, dass sich die Wissenschaft schon seit einiger Zeit damit beschäftigt um dem Phänomen Autismus näher auf die Spur zu kommen. Es wird versucht herauszufinden wie genau diese hervorragenden Fähigkeiten zu Stande kommen und wie man diese bei „normalen" Menschen z.B. durch Elektromagnetische Stimulation (indem man einzelne Bereiche des Gehirns ausschaltet) hervorrufen kann. Ich persönlich finde dieses Ansinnen fast schon abartig. Es ist meiner Meinung nach, ein Heraussortieren von erwünschten Eigenschaften und zu dem Versuch die unerwünschten zu eliminieren ist es vielleicht dann nicht mehr so weit. Nicht alle Savants sind auch Autisten, beeinträchtigt im Alltagsleben sind sie aber alle auf die eine oder andere Weise. Für mich gehören die Hochausgeprägte Spezialfähigkeit einerseits und die Alltagshilflosigkeit anderseits zusammen. Vielleicht muss man auf etwas verzichten um auf anderen Gebieten hohe Fähigkeiten zu entwickeln. Das trifft nicht nur auf Savants sondern auf viele Autisten zu. Die Gefahr den perfekt funktionierenden Menschen zu konstruieren, sollte hier nicht so ganz außer Acht gelassen werden. Anderseits ist die genaue Erforschung des Entstehens von Autismus natürlich auch für viele Menschen eine Chance. Keiner von uns kann beurteilen was es für den Einzelnen bedeutet in seiner autistischen Welt zu leben. Meine Welt erscheint mir manchmal wie ein Gefängnis aus dem ich wünsche mich zu befreien. Anderseits mag ich meine Fähigkeiten und meine Art zu denken, es ist das was mich ausmacht, was zu mir gehört. Wenn es für mich die Möglichkeit gebe meinen Autismus zu „heilen", ich könnte nicht sagen ob ich diese überhaupt in Betracht ziehen würde. So schwierig es auch manchmal sein mag, damit zu leben, weiß ich nicht ob ich die mir oft oberflächig erscheinende Art der Kommunikation und die Möglichkeit zu lügen haben möchte. Das Denken und Fühlen auf meine Art ermöglicht mir auch viele sehr gute und intensive Gespräche mit einigen wenigen Menschen, auf die ich ungern verzichten würde. Ich glaube nicht, dass diese Gespräche so möglich wären, wenn ich eine nichtautistische Denkweise hätte. Natürlich wünsche ich mir in einigen Situationen „normal" zu sein, wenn ich zum Beispiel durch meine Behinderung daran gehindert werde Dinge zu machen die ich gerne möchte. Eine Veranstaltung zu besuchen, in ein Museum zu gehen oder mit öffentlichen Verkehrsmitteln zu fahren, ist mir alleine nicht möglich. Das sind Momente in denen ich mich über meine Unfähigkeit ärgere. Manchmal denke ich auch, ich möchte bestimmte Gefühle spüren, wissen wie das ist wenn man verliebt ist und „Schmetterlinge im Bauch" hat. Anderseits kenne ich dieses Gefühl so nicht und kann es deshalb auch nicht vermissen.

Bei einem Kind mit guten sprachlichen Fähigkeiten, durchschnittlich bis hoher Intelligenz und sehr guten Kenntnissen in Spezialgebieten, kommt einem kaum in den Sinn an Autismus zu denken. Auffällig sind die soziale und grobmotorische Ungeschicklichkeit und die emotionale Distanziertheit. Oft besuchen die Kinder ganz normale Schulen, fallen aber dort unter anderem durch ihr ungewollt unhöfliches Verhalten und durch ihre Unfähigkeit Freundschaften zu schließen auf. Im Gegensatz zu Kindern mit frühkindlichen Autismus oder Kanner-Syndrom, wird das Asperger- Syndrom oft erst im Schulalter diagnostiziert, manchmal auch gar nicht, da sich die Verhaltensauffälligkeiten teilweise auch anderen Störungen wie ADS und ADHS zuordnen lassen (Manchmal werden auch beide Diagnosen gestellt, also Asperger-Syndrom und ADS). Da besonders ADS und ADHS Diagnosen "in Mode" sind bekommen Kinder mit Asperger-Syndrom oft nicht die Hilfe die sie brauchen. Häufig werden diese Kinder auch als egozentrisch, egoistisch, "bockig" oder gar bösartig eingestuft.
Kinder mit Asperger-Syndrom haben von sich aus kaum die Möglichkeit Freundschaften und Kontakte zu knüpfen. Wenn überhaupt Kontakt aufgenommen wird, dann verstandesgemäß, die Gefühle der anderen werden häufig nicht wahrgenommen und dadurch auch manchmal Grenzen überschritten. Es besteht die

Schwierigkeit Distanz und Nähe richtig einzuschätzen. Wenn das Gefühl entsteht, dass eine große Akzeptanz vorhanden ist und der andere ein Gefühl der Sicherheit vermittelt, können wir zu „Kletten" werden, was in einem Gegensatz zu unserer sonstigen Distanziertheit steht. Ich habe da heute als Erwachsene noch Probleme mit die „Richtigkeit" von Distanz und Nähe adäquat einzuschätzen.

Da autistische Kinder auf ihre Klassenkameraden einen merkwürdigen und fremden Eindruck machen, sind sie oft Spott und Hänseleien ausgesetzt und werden aus dem Klassenverband ausgegrenzt. Mit zunehmendem Alter wird die Erkenntnis immer größer, dass sie nie so sein werden wie die anderen. Diese Erkenntnis führt in einigen Fällen zu Depressionen, manchmal bis hin zu dem Wunsch nicht mehr leben zu wollen. Menschen mit Asperger-Syndrom brauchen frühzeitig und vor allem die richtige Hilfe, dann haben sie sehr gute Chancen ihr Leben als Erwachsene selbstständig und ohne oder mit wenig Unterstützung zu bewältigen. Ihre hervorstechenden Eigenschaften wie Genauigkeit, Perfektion, stark ausgeprägter Gerechtigkeitssinn, absolute Wahrheitsliebe und logisches Denken eröffnen viele Möglichkeiten, ebenso wie ihr großen Wissen in Spezialgebieten und die Hartnäckigkeit mit der einmal gesetzte Ziele verfolgt werden. Wenn diese Eigenschaften gefördert und in die richtigen Bahnen gelenkt werden, können aus Kindern mit Asperger-Syndrom sehr gewissenhaft und genau arbeitende

Angestellte, aber auch hervorragende Wissenschaftler, Erfinder oder Künstler werden.

Die Berufswahl ist für Menschen mit dem Asperger-Syndrom von hoher Bedeutung. Eine erste Hürde ist aber hier oft schon der Schulabschluss. Dieser entspricht häufig nicht den vorhandenen Fähigkeiten. Die Erklärung hierfür ist recht einfach. Ein großer Anteil der Benotung resultiert aus der mündlichen Teilnahme am Unterricht, für Asperger-Autisten ist dieses oft ein Problem. Manchmal ist es uns nicht möglich in einer größeren Menge zu sprechen oder aber wir schießen mit unseren Ausführungen weit über das Ziel hinaus. In der schriftlichen Ausführung meiner Aufgaben war ich meistens sehr sorgfältig und gewissenhaft (wenn auch manchmal sehr eigenwillig). Aber es gelang mir selten mein Wissen im Unterricht preis zu geben. In der 4.Klasse bekamen wir als Hausaufgabe ein Referat über Elefanten zu schreiben. Gefordert waren zwei Din-A-4 Seiten und eine Zeichnung. Bei mir artete das Ganze in ein zwanzigseitiges Referat mit vielen Zeichnungen aus. Die Arbeit wurde mit einer sechs benotet. Der Lehrer glaubte mir nicht, dass ich diese Arbeit freiwillig und eigenständig in diesem Umfang ausgeführt hatte, sondern unterstellte meiner Mutter diese Arbeit für mich erledigt zu haben. Er war sehr aufgebracht über meinen vermeintlichen Betrugsversuch und meine angeblich hartnäckige Lügerei. Die Chance mein Wissen mündlich zu beweisen konnte ich nicht wahrnehmen, ich bekam keinen Ton heraus. Es blieb bei der sechs. Zu allem Überfluss hatte ich mich eine Woche lang so intensiv mit dieser Arbeit befasst, dass ich die Aufgaben in den anderen Fächern völlig aus dem Blickfeld verloren hatte und selbst im Unterricht gedanklich nur mit den Elefanten beschäftigt war. Ich bekam natürlich auch in diesen Fächern schlechte Noten, da ich keine der geforderten Hausaufgaben erledigt hatte oder mich in angemessener Weise am Unterricht beteiligte. Wir setzen unsere Prioritäten häufig ganz anders als es von der Schule erwartet wird. Zum einen verfolgen wir, wie oben bereits ausgeführt, hartnäckig ein einmal gesetztes Ziel, zum anderen fällt es uns oft schwer uns mit verschiedenen Dingen zur gleichen Zeit zu beschäftigen. Besonders wenn ein bestimmtes Thema unser Interesse geweckt hat. Wir haben manchmal wenig Einsicht dafür, dass auch andere Sachen erledigt werden müssen als das was uns gerade wichtig erscheint. Unser Schulsystem bietet aber kaum Platz für Individualisten, egal welcher Art.

Mir fällt es heute noch schwer mich von einer interessanten Arbeit zu lösen und an so profane Dinge wie Essen und Trinken zu denken. Deshalb ist ein fest strukturierter Tagesablauf sehr wichtig. Einerseits für die nötige Sicherheit, anderseits aber auch um das Alltagsleben nicht völlig aus den Augen zu verlieren, in seiner eigenen Welt zu versinken und sich nur noch mit seinen Interessen zu beschäftigen. Ich täte dieses liebend gerne, würde aber wahrscheinlich kurz über lang verhungern und verdursten und meine Familie völlig vernachlässigen. Außerdem würden mir die Freuden meiner sozialen Kontakte völlig entgehen. Ich habe außerhalb meiner Familie nur sehr wenige soziale Kontakte und nur zwei Menschen die ich wirklich als meine Freunde bezeichnen würde, aber diese sind eine große Bereicherung in meinem Leben und machen das Leben freundlich und lebenswert. Gewünscht zu sein und zu angenommen zu werden wie ich bin, gehört zu meinen schönsten Erfahrungen, die ich in keinem Fall mehr missen möchte.

Die Wahl der richtigen Schule ist nicht nur von der Intelligenz abhängig, sondern auch von der Fähigkeit zur Einsicht, der Kommunikation und der Möglichkeit soziale Kontakte zu knüpfen. Leider bietet unser Schulsystem sehr wenige Möglichkeiten, einerseits auf die individuellen Fähigkeiten einzugehen und hier zu fordern, anderseits auf die Defizite Rücksicht zu nehmen und hier explizit zu fördern. Wenn die Möglichkeit einer für das Kind geeigneten Schule nicht vorhanden ist, das heißt, in der es sowohl pädagogisch als auch intellektuell ausreichend gefördert wird, kann das Kind durchaus eine Regelschule besuchen. Dieses kommt für die meisten Kinder mit Asperger-Syndrom sowieso auf Grund des Unterrichtstoffes eher in Frage als eine Förderschule. Häufig kommt es auf der Regelschule aber im Rahmen der sozialen Kontakte nicht sehr gut zurecht. Hier besteht die Möglichkeit eine Schulbegleitung zu beantragen. In Betracht ziehen sollt man auch, dass sich durch die erfolgreiche Integration in eine "normale" Schulklasse die Zukunftsaussichten in Bezug auf die berufliche Ausbildung und Berufs-Ausübung aber auch in Bezug auf die allgemeinen Lebensmöglichkeiten innerhalb unserer Gesellschaft deutlich verbessern. Das autistische Kind - und sei es noch so begabt - bleibt in der Schule in den meisten Fällen Außenseiter und Sonderling, wenn es auf sich allein gestellt ist. Es ist mit der Situation in der Klasse häufig überfordert. Oft auch in der kleineren Klasse einer Förderschule. Eine Begleitperson sollte durch ein Autismus-Therapiezentrum oder den Therapeuten angeleitet und unterstützt werden. Die Aufgaben der Schulbegleitung sind es unter anderem, die Lehrer über Autismus und speziell über dieses Kind zu informieren, ein angenehmes Klima zwischen dem Kind, der Klasse und den Lehrern zu schaffen, zwischen allen Beteiligten zu vermitteln, dem Kind Sicherheit zu geben und Sprachrohr für das Kind zu sein, aber auch - wenn notwendig - seine Interessen in der Schule zu vertreten. Alle pädagogischen Maßnahmen sollten von einem Zustand des "Nichtwissens" ausgehen, selbst allernormalstes Schulverhalten ist nicht grundsätzlich vorauszusetzen und muss manchmal geduldig erlernt und bewusst gemacht werden. Ein ständiges Er- und Verarbeiten der Schulsituation ist häufig notwendig. Das erfordert von Seiten der Begleitperson große Einfühlsamkeit und setzt ein Vertrauensverhältnis zwischen dem Kind und der Begleitperson voraus. Die Schulbegleitung sollte in Konflikt-Situationen dem

Kind helfen diese zu bewältigen, mit dem Ziel, dass es mit der Zeit die Fähigkeit erlangt, diese allein und adäquat zu meistern. Konflikt-Situationen sollten mit allen Beteiligten noch mal durchgesprochen werden, wobei zu erklären ist, was die Absichten des autistischen Kindes sind, was es in dieser Situation empfunden hat und weshalb es zu dem Konflikt kam, also auch die anderen anzuleiten, wie sie solche Situationen verhindern können und toleranter zu sein. Weiterhin sollte die Begleitung dem Kind helfen, die anderen zu verstehen und ihm Unterstützung und Anregung zu geben, in solchen Situationen Wichtiges selbst zu erkennen, und es zu befähigen eventuell sein Verhalten zu ändern. Ebenso notwendig ist es auch, die Mitschüler und Lehrer für die Verhaltensweisen des Kindes zu sensibilisieren und gegenseitige Toleranz und Verständnis zu fördern. In der konkreten Unterrichtssituation kann die Begleitung für das Kind die Aufgaben strukturieren, eventuell umformulieren, so dass sie besser verständlich sind, bei großer Unruhe auch mit dem Kind in einen anderen Raum gehen oder aber bei eventueller "geistiger Abwesenheit" das Kind "aufwecken". Hier bitte vorsichtig sein, wir brauchen diese Auszeiten manchmal notwendig um zur Ruhe zu kommen und uns zu starken Reizen zu entziehen. Es ist manchmal durchaus angebrachter die Auszeit eine Weile zuzulassen, um Aggressionen oder völligem Abschalten vorzubeugen. Diese Auszeiten sind zur Verdeutlichung ihrer Wichtigkeit vergleichbar mit einem Überhitzungsschalter an Elektrogeräten. Wird er umgangen geht das Gerät zwangsläufig irgendwann kaputt. Beachtet man diesen aber, funktioniert es weiterhin. Alles in allem eine sehr verantwortungsvolle und keine leichte Aufgabe. Die Annahme, dass die Begleitperson nur neben dem Kind sitzt und aufpasst, dass es keinen Unsinn macht, oder sogar bei den Aufgaben hilft, ist falsch. Die sachlichen schulischen Aufgaben muss das Kind alleine bewältigen.

Die rechtlichen Grundlagen für die Schulbegleitung als Teilbereich der Eingliederungshilfe sind in §§ 53, 54 SGB XII geregelt. In § 54 Abs. 1 Satz 1 Nr. 1 SGB XII ist bestimmt, dass zu den Leistungen der Eingliederungshilfe auch „Hilfen zu einer angemessenen Schulbildung, vor allem im Rahmen der allgemeinen Schulpflicht" zählen. Die Hilfe umfasst danach heilpädagogische sowie sonstige Maßnahmen der Schulbildung zu Gunsten behinderter Kinder und Jungendlicher, wenn die Maßnahmen erforderlich und geeignet sind, dem behinderten Kind oder Jugendlichen eine im Rahmen der allgemeinen Schlupflicht üblicherweise erreichbare Bildung zu ermöglichen. Bei Kinder und Jugendlichen mit Autismus kann eine Schulbegleitung die autistischen Verhaltensweisen verbessern und insbesondere über die sogenannte gestützte Kommunikation die Teilnahme am Unterricht überhaupt erst ermöglichen. Zuständig für die Übernahme der Kosten der Schulbegleitung sind die Sozialämter. Eltern die eine Schulbegleitung für ihr Kind benötigen, müssen beim zuständigen Sozialamt einen Antrag auf Übernahme der Kosten einer Schulbegleitung stellen. Empfehlenswert ist es, den Antrag möglichst frühzeitig vor der Einschulung bzw. vor Beginn des Schuljahres zu stellen und bereits im Antragsschreiben den besonderen Hilfebedarf gegenüber dem Sozialamt konkret darzulegen. Zur Begründung der Erforderlichkeit des Schulbegleiters sollten vorab unbedingt entsprechende Bestätigungen der Schule und ärztliche Atteste zur Vorlage beim Sozialamt eingeholt werden. Die Sozialämter stellen jedoch selbst keine Integrationshelfer bereit. Integrationshelfer werden von verschiedenen Trägern caritativer Einrichtungen, deren Adressen den Sozialämtern bekannt sind, zur Verfügung gestellt. Für die Frage, ob die Kosten einer Schulbegleitung im Rahmen der Eingliederungshilfe übernommen werden können, kommt es nach der Rechtsprechung darauf an, dass der Schulbegleiter keine Aufgaben des Lehrers wahrnimmt. Der Schulbegleiter darf nicht Aufgaben übernehmen, die in weitem Umfang in den Kernbereich der pädagogischen Arbeit des Lehrers gehören wie Unterstützung und Überwachung von Aufgabenlösungen, Aufmunterungen und Anleitung zur Weiterarbeit. Dagegen können die Kosten einer Schulbegleitung für Maßnahmen übernommen werden, die für den Betroffenen ein Hilfs- oder Kommunikationsmittel darstellen und dabei unterstützen, die klassenbezogenen Angebote des Lehrers anzunehmen und zu verarbeiten. Über die

Kostenübernahme entscheidet das Sozialamt mit förmlichem Bescheid. Gegen einen ablehnenden Bescheid besteht die Möglichkeit, mit Widerspruch bzw. Klage vorzugehen (wozu ich dringend rate, da häufig erst einmal abgelehnt wird). Die Schulbegleitung sollte Günstigerweise bereits zum Einschulungstermin bzw. bei Beginn des Schuljahres zur Verfügung stehen. Wegen der hieraus in der Regel resultierenden Eilbedürftigkeit der Kostenübernahme empfiehlt es sich im Falle der Ablehnung, unverzüglich einen entsprechenden Antrag auf Erlass einer einstweiligen Anordnung bei Gericht zu stellen. Teilweise versuchen die Sozialhilfeträger die Kostenübernahme für einen Schulbegleiter an einer Regelschule mit dem Argument zu verweigern, dass der Schüler eine Förderschule besuchen könne und dort aufgrund der vorhandenen erhöhten sonderpädagogischen Förderung nicht mehr auf einen Integrationshelfer angewiesen sei. Dies ist unzulässig. Wenn das Kind die Voraussetzungen für den Besuch der Regelschule erfüllt, dann ist der Sozialhilfeträger zur Übernahme der Kosten des Schulbegleiters verpflichtet. Voraussetzung ist die Fähigkeit des Schülers, aktiv am Unterricht teilzunehmen, also er muss fähig sein "überwiegend" in der Klassengemeinschaft unterrichtet zu werden, den verschiedenen Unterrichtsformen (nicht den Unterrichtszielen) der Regelschule folgen und dabei schulische Fortschritte erzielen sowie gemeinschaftsfähig sein. Darüber hinaus muss der sonderpädagogische Förderbedarf mit Hilfe des mobilen sozialen Dienstes (MSD) erfüllbar sein. Schwierigkeiten können sich auch bei der Beantragung einer Schulbegleitung zum Besuch einer Förderschule ergeben. Ein Integrationshelfer für die Schulbegleitung in einer Förderschule kann nur dann zur Verfügung gestellt werden, wenn eine zusätzliche Betreuung des behinderten Schülers, die die Förderschule selbst nicht leisten kann, erforderlich ist. In der Praxis bestehen darüber hinaus besonders für Eltern von Kindern mit Autismus Schwierigkeiten, eine geeignete und ausreichend qualifizierte Schulbegleitung zu finden. Von den zuständigen Sozialämtern werden in der Regel nur die Kosten für einen „ungelernten" Integrationshelfer übernommen. Die besondere Situation von autistischen Kindern, die geprägt ist von Interaktions- und Kommunikationsbehinderung oder manchmal auch von aggressiven (auch autoaggressiven) Verhaltensweisen, erfordert jedoch unter Umständen die Schulbegleitung durch eine pädagogisch ausgebildete Fachkraft. Ein solcher Anspruch auf eine (teurere) Fachkraft wurde auch bereits im Einzelfall von der Rechtssprechung zugesprochen. Es besteht auch die Möglichkeit über das persönliche Budget eine qualifizierte Schulbegleitung zu finanzieren. Das persönliche Budget ergänzt oder ersetzt die bisherigen Sach- und Dienstleistungen und ermöglicht eine freie Entscheidung über die Qualität und Art dieser. Den Antrag auf ein persönliches Budget kann jeder behinderte oder von Behinderung bedrohte Mensch stellen, egal, wie schwer seine

Behinderung ist. Auch für Menschen, die das Persönliche Budget aufgrund ihrer Behinderung nicht allein verwalten können, kommt ein Persönliches Budget in Frage. Darüber hinaus können auch Eltern für ihre behinderten Kinder Persönliche Budgets beantragen, etwa für Einzelfallhilfe, Sozialassistenz vom Jugendamt oder Ferienbetreuung vom Jugendamt. Die Rehabilitationsträger haben in jedem Kreis und jeder kreisfreien Stadt eine gemeinsame Servicestelle eingerichtet. Dort kann man einen Antrag auf Leistungen in Form eines Persönlichen Budgets stellen.

Für absolut notwendig halte ich auch eine Aufklärung der Mitschüler. Kinder sind nicht immer nur grausam, sondern schwächeren gegenüber auch sehr sozial und hilfsbereit, wenn sie wissen warum derjenige sich anders verhält. Andersartigkeit verunsichert Kinder und sie reagieren darauf oft mit Spott, Hänseleien oder schlimmstenfalls mit Mobbing um ihre eigene Unsicherheit zu überdecken. Diese Reaktion ist vollkommen normal und in den seltensten Fällen bösartig. Eine Aufklärung hilft das „Andersein" zu verstehen und nicht mehr als fremd und unverständlich zu betrachten. Eine positive Neugier kann geweckt werden und manchmal erzielt das autistische Kind durch sein oft ungeheures Wissen auf seinem Spezialgebiet, sogar Bewunderung und findet über diesen Weg Freunde.

Für die Hausaufgaben ist ein fester Arbeitsplatz sehr wichtig (ich denke das gilt nicht nur für autistische Kinder). Der Arbeitsplatz sollte so gestaltet sein, dass in Ruhe und ohne viel Ablenkung von außen gearbeitet werden kann. Ebenso sollte darauf geachtet werden das sich das Kind dort wohl fühlt und gerne dort arbeitet. Als ebenso wichtig erachte ich einen festen individuellen Arbeitsplan, der den speziellen Möglichkeiten des Kindes angepasst ist. Für mich gab es zwei Arten von Hausaufgaben. Die einen waren beliebt und diese habe ich mit Freuden und sehr gerne erledigt, die andere Art von Hausaufgaben war sehr unbeliebt und ich kann nicht behaupten, dass ich so ohne weiteres eine Motivation gefunden habe, diese zu erledigen. Letztendlich war es für mich eine gute Möglichkeit, die unliebsamen Hausaufgaben zuerst zu erledigen und die beliebten als eine Art Belohnung einzusetzen. Es macht meistens wenig Sinn sich mit einem autistischen Kind über die manchmal sehr eigenwillige Erledigung der Hausaufgaben zu streiten. Das führt oft nur zu Tränen oder Wutausbrüchen und hat zur Folge, dass die Aufgaben dann gar nicht erledigt werden. Eine Erklärung und der Hinweis darauf, dass die so erledigten Aufgaben nicht den Anforderungen entsprechen oder am Thema vorbeigehen genügt meisten (wobei weder der Hinweis noch die Erklärung unbedingt etwas ändern wird). Eigenwillig erledigte Hausaufgaben sind aber immer noch besser als gar keine und eventuell lernt das Kind durch die Erfahrung, dass der Lehrer mit den Aufgaben unzufrieden ist. Ich habe nicht daraus gelernt und mich oft über die

„Sturheit" und das „Unverständnis" meiner Lehrer geärgert ;-). Ich konnte mich an einer Aufgabe über Grönland z.B. an der Beschaffenheit der verschiedenen Eisschichten festbeißen und hier eine mehrseitige Ausführung schreiben. Dass Grönland auch noch eine Tier- und Pflanzenwelt und eine Bevölkerung hat, interessierte mich dann absolut nicht. Ebenso wenig konnte ich die Rüge meines Lehrers nachvollziehen, der mit der Ausführung der Aufgabe nicht zufrieden war und mir eine schlechte Note gab. Meine Lehrer hatten im Allgemeinen auch wenig Verständnis dafür, dass ich schriftliche Aufgaben erst abgegeben habe, wenn alle a`s rot, die o`s grün und die e`s gelb ausgefüllt waren. Ich ließ mich trotz Gespräche und Ermahnungen diesbezüglich, nicht davon abbringen und habe diese Eigenart noch in der Berufsschule beibehalten. Manchmal kam ich auch gar nicht dazu meine Hausaufgaben zu erledigen, da ich die dazugehörigen Schulbücher erstmal ergänzen und überarbeiten musste ;-). Für solche Aktionen konnte ich trotz umfassender Erläuterung meinerseits, selten Verständnis bei den Lehrkräften finden.

Pausen waren für mich ein absolutes Gräuel. Ich musste nicht nur den sicheren Klassenraum verlassen, sondern mich auch noch auf den Schulhof begeben, der mit einer Unmenge von Kindern angefüllt war. Obendrein stand in diesem ganzen Chaos auch noch der Rückweg in die Klasse an. Die Klasse zu betreten war mir nicht mehr möglich wenn sich bereits mehrere meiner Mitschüler darin befanden. Meistens wartete ich vor der Tür auf die Lehrkraft, um dann direkt hinter dieser die Klasse zu betreten und mich auf meinen Platz zu schleichen. Dass ich fast jedes Mal eine Ermahnung hierfür erhielt, hinderte mich nicht daran mich stur weiterhin so zu verhalten. Die Ermahnung war für mich das kleinere Übel. Nach einem Schulwechsel zur siebten Klasse hatte ich die Möglichkeit, die Pausen im Biologieraum zu verbringen und dort Blaupausen zu zeichnen oder andere kleine Arbeiten für den Lehrer zu erledigen. Die Möglichkeit hat mir meinen Schulalltag sehr erleichtert.

Noch heute ist es mir nur schwer möglich einen Raum zu betreten in dem sich viele Menschen befinden (viel ist schon ab drei Personen, wenn mir diese nicht alle bekannt sind). Wenn ich z.B. Elternabende meiner Kinder besuchen muss, richte ich es nach Möglichkeit so ein, dass ich schon sehr frühzeitig da bin, oder aber eine Begleitung habe.

Die Reizüberflutung im Klassenraum führt manchmal dazu, dass Erläuterungen des Lehrers gar nicht oder nur teilweise aufgenommen werden. Dadurch fehlt es dann häufig an relevanten Informationen, z.B. über die Hausaufgaben. Für mich war es immer sehr hilfreich mitzuschreiben wenn der Lehrer etwas erläuterte. Allerdings schreiben nicht alle autistischen Kinder gerne und haben teilweise auch Schwierigkeiten damit. Hier muss gemeinsam mit dem Kind und dem Lehrer eine

Lösung gefunden werden. Eine Lösung ist es vielleicht, relevante Informationen schriftlich zugänglich zu machen, so dass diese noch mal in Ruhe gelesen werden können und dem Kind die Möglichkeit zu geben, die Hausaufgaben in Ruhe zu notieren.

Reizüberflutung ist für viele (aber nicht grundsätzlich für alle) Autisten ein Problem. Verschiedene Umweltreize, wie z.B. Licht und Lärm, dringen ungehindert ein und können nicht in relevant und unwichtig getrennt werden. Alles wird mit der gleichen Intensität aufgenommen. Manche Kinder reagieren dann mit Aggressivität oder Autoaggressivem Verhalten. Andere Kinder wiederum schalten einfach ab und sind dann für ihre Umwelt nicht mehr zugänglich. Beides ist als Schutzmechanismus zu betrachten. Die Reaktion ist weder als stur noch als bösartig anzusehen, dem Kind steht in diesem Moment einfach kein anderes Mittel zur Verfügung. Eine präventive Hilfe ist es, die Reizüberflutung soweit wie möglich einzuschränken. Der Sitzplatz sollte nicht unbedingt mitten im Klassenraum sein. Eine geschützte Ecke oder ein Platz in der Nähe des Lehrers bieten mehr Sicherheit. Vielleicht ist auch ein Einzelplatz erforderlich. Der ideale Platz muss aber gemeinsam mit dem Kind herausgefunden werden. Für mich hatte sich nach einigen Experimenten, ein Platz direkt vor dem Lehrerpult, neben einer sehr ruhigen Mitschülerin, als vorteilhaft erwiesen. Reize die hinter meinem Rücken stattfinden kann ich leichter abschalten, zumal diese ja dann

hauptsächlich nur noch auf die akustischen Reize reduziert sind. Die optischen Reize, durch Bewegungen fallen in diesem Fall weg. Es ist vollkommen sinnlos zu glauben, dass das Kind erlernen wird die Reizüberflutung zu regulieren. Wobei es durchaus möglich ist zu lernen, diese mit einigen Tricks für sich einzudämmen (die aber leider in den meisten Fällen für die Teilhabe am Unterricht ungeeignet sind). Wenn ich alleine unterwegs bin z.B. zum Einkaufen, ist mein MP3 Player für mich lebenswichtig. So kann ich die akustische Reizüberflutung mit mir bekannter und vertrauter Musik ersetzen und mich dadurch besser auf meinen Einkauf oder das Überqueren der Strasse konzentrieren, ohne dabei halbwegs überfahren zu werden. Für die meisten Menschen würde dieses eine erheblich Ablenkung vom Straßenverkehr bedeuten, für mich ist es eine Hilfe. Habe ich eine Begleitung geht es meistens auch ohne Musik, dann konzentriere ich mich auf diese, verlasse mich aber allerdings auch vollkommen darauf. Meine Freundin findet es sehr amüsant ihre links oder rechts Anweisungen zu geben, wenn wir zusammen unterwegs sind. Ich bin sehr froh darüber, dass sie meine Eigenarten mit Humor und als Selbstverständlichkeit nimmt. Es fällt mir so viel leichter, notwendige Hilfe anzunehmen und auch danach zu fragen.
Dieser Punkt erscheint mir auch sehr wichtig. Dem Kind eine Selbstverständlichkeit für sich zu vermittelt. Es darf so sein wie es ist. Es muss sich weder dafür schämen, noch versuchen sich gegen seine Natur wie ein „Normalo" zu verhalten.

Wir sind nun mal anders und warum sollten wir dieses „Andersein" nicht als selbstbewusste Menschen erleben. Wir haben häufig hoch ausgeprägte Fähigkeiten, durch die wir in der Gesellschaft durchaus unseren Platz finden können und die es sich lohnt zu fördern. Natürlich ist es auch wichtig an Defiziten zu arbeiten, aber nicht alle unsere Defizite sind wegtherapierbar. Das ist ein schönes Wunschdenken von einigen Therapeuten. Viel wichtiger ist es, dem Kind zu helfen, im Rahmen seiner Möglichkeit einen Lebensweg zu finden. Ihm die Sicherheit und Entwicklungsfreiheit zu geben die es benötigt. Der Weg in ein Selbstbestimmtes Leben setzt voraus, dass das Kind lernt, seine Defizite und Stärken zu erkennen und zu akzeptieren. Es sollte in die Lage sein, sich spätestens im Erwachsenenalter, ein Hilfenetz aufzubauen und dieses auch zu nutzen, wenn die Notwendigkeit besteht. Das Ziel sollte immer eine möglichst hohe Selbstständigkeit sein, Selbstwertgefühl und Selbstachtung fördern. Ein Therapieziel was darauf abzielt, ein möglichst an die Gesellschaft angepasstes Wesen zu formen, das dann innerlich verkümmert und zerbricht, ist in meinen Augen verwerflich und missachtend.
Es ist wichtig, dass wir uns so mögen wie wir sind, dass wir lernen unsere Gefühle in der Form wie wir sie fühlen, zu achten und anzunehmen. Sie müssen nicht der Norm entsprechen, sondern uns. Unsere Gefühle sind weder minderwertig noch sind wir Eisblöcke.

Ein großes Problem in dem Zusammenleben mit einem autistischen Kind, stellt für Eltern und andere nahe stehende Angehörige die häufige Berührungsabneigung des Kindes dar. Für mich selber, als autistischer Mensch ist diese Problematik nur über die Berichte ihrer Gefühle von diesen Menschen zugänglich und inzwischen auch verständlich. Es ist von großer Bedeutung in dem Gefühlsleben der Menschen, dass ihre Gefühle in der Form erwidert werden, in der sie diese zeigen und verstehen. Da besteht kaum ein Unterschied zwischen autistischen und nichtautistischen Menschen. Der klare Unterschied liegt darin, dass es nichtautistischen Erwachsenen leichter fallen sollte, das Gefühlsleben ihres autistischen Kindes zu akzeptieren und eventuell zu verstehen. Ich habe diese Problematik genau umgekehrt gehabt, mir war es nie möglich meinen Kindern, das Maß an körperlicher Zuwendung zu geben, welches sie wirklich benötigt haben.

Besonders Eltern fühlen sich von ihrem Kind abgewiesen und ungeliebt, wenn es nicht in der Lage ist, seine Gefühle so zu zeigen, wie es dem Gefühlsleben der Eltern entspricht. Häufig kommen auch noch Selbstvorwürfe hinzu, obwohl das Ammenmärchen der so genannten Kühlschrankmütter, die die angebliche Gefühlskälte ihrer Kinder verursacht haben, längst vom Tisch sein sollte. Richtig ist das sich bei autistischen Kindern auch häufig ein Elternteil mit autistischen Zügen findet. Ich behaupte aber, dass das mit Sicherheit kein Problem für das

Gefühlsleben des autistischen Kindes darstellt oder gar einen negativen Einfluss darauf hat. Negativ wäre es sicher dem Kind ständig seine eigenen Gefühle aufzuzwängen und die entsprechenden Gegengefühle zu erwarten. Damit wird auch bei dem Kind ein hoher emotionaler Druck verursacht. Dieser kann aus dem ständigen Bewusstsein, des nicht genügend sein, zu Selbstzweifeln und Depressionen führen. Eine Lösung des Problems sehe ich darin, sich immer wieder vor Augen zu halten, dass das Kind anders denkt und fühlt als man selber, dass es nur auf seine eigene Art seine Zuneigung zeigen kann. Wichtig ist es auch sich als Eltern die Gefühle der Zurückweisung zuzugestehen, sie sind normal und richtig, genau wie die Gefühle des Kindes. Es kann sehr hilfreich sein sich mit anderen Eltern in ähnlicher Situation auszutauschen. Ich erlebe manchmal Eltern die sich wegen dieser Gefühle verachten oder schämen. Sie glauben kein Recht darauf zu haben, weil sie ja wissen wie ihr Kind ist und weil sie erwachsen sind. Ich glaube dass es sehr wichtig ist diese Gefühle auszusprechen und auch die Traurigkeit zuzulassen die häufig empfunden wird. Im Folgenden habe ich hier einen Beitrag von mir aus meiner Homepage reingesetzt, der vielleicht ein bisschen hilft zu verstehen und anzunehmen.

Das besondere Kind

Wenn Eltern ein Kind erwarten sind sie in den meisten Fällen sehr erfreut darüber. Noch während der Schwangerschaft entwickeln sie eine Vorstellung davon, wie ihr Kind sein wird. Wenn das Kind dann mit einer offensichtlichen Behinderung geboren, wird das für die Eltern erstmal ein Schock sein. Im Zeitalter der pränatalen Frühdiagnostik sind vor allem Körperbehinderungen und Behinderungen die auf einer Chromosomenstörung beruhen schon während der Schwangerschaft erkennbar. Die Eltern können sich vielleicht ein bisschen damit abfinden und ihre Vorstellungen ändern. Anders sieht es aus wenn die Behinderung erst einige Zeit nach der Entbindung augenscheinlich wird, wie unter anderem Störungen aus dem autistischen Spektrum. Es spielt aber vorrangig keine Rolle, welcher Art die Behinderung oder Einschränkung ist und wann sie augenscheinlich wird. Die Eltern müssen sich in jedem Fall von ihren Vorstellungen und Wünschen lösen. Kinder sind Zukunft und unsere Zukunftsvisionen sind nun einmal von Wünschen und Vorstellungen und Vermutungen geprägt. Der Vater wünscht sich, dass sein Kind später einmal den gut gehenden Malerbetrieb übernehmen wird, die Mutter hat die Vorstellung wie ihr Kind fröhlich in dem eigens dafür angelegten Garten spielt usw. Manchmal sind es kleine Wünsche und Vorstellungen, manchmal große Pläne. Eines haben sie gemeinsam, sie lösen Vorfreude aus. Das alles müssen Eltern aufgeben, wenn sie ein Kind mit Einschränkungen oder Behinderungen haben. Hinzu kommen irrationale Schuldzuweisungen und Schuldgefühle.

Wenn Eltern ein Kind verlieren, gesteht ihnen jeder zu, dass sie Zeit brauchen um zu trauern, sich von Schuldgefühlen zu lösen und sich von ihrer Zukunft neue Vorstellungen zu machen. Eltern eines behinderten Kindes brauchen auch eine gewisse Zeit der Trauerarbeit und eine Zeit für neue Zukunftsvorstellungen. Sie haben auf einmal Ängste und Sorgen, die vorher für sie nicht einmal vorstellbar waren. Sie müssen sich von ihren Vorstellungen bezüglich ihres Kindes und ihrer Zukunft verabschieden. Selbsthilfegruppen können hierbei eine gute Hilfe sein.

Schwierig ist es mit Kindern, deren Störung oder Behinderung im autistischen Spektrum liegen (und in einigen Fällen in anderen Behinderungsbildern, z.B. dem Fragilen X-Syndrom, auftreten). Bei einem Kind mit Kanner-Syndrom (frühkindlicher Autismus) wird die Behinderung sehr spürbar und es wird für die Eltern ein Schock sein, wenn ihr Kind ihnen keinerlei Zuneigung entgegenzubringen scheint und auf Berührungen schlimmstenfalls mit schreien reagiert. Schnell stellen sie fest, dass ihr Kind in einer Welt lebt, zu der sie keinen oder nur wenig Zugang haben. Die Eltern haben nicht nur ein behindertes Kind, sondern auch ein Kind, das den Eindruck hinterlässt, seine Eltern nicht zu wollen und nicht zu lieben. Das ist vielleicht eine der schönsten Vorstellungen bezüglich dem

Elternsein: Das Kind kommt fröhlich auf dich zugelaufen und kuschelt sich in deine offenen Arme. Eltern autistischer Kinder müssen sich von dieser Vorstellung weitgehend oder sogar ganz verabschieden. Vor allem Eltern die ein Kind mit dem Kanner-Syndrom haben.
Kinder mit dem Asperger-Syndrom vermitteln in den ersten Lebensjahren einen eher „normalen" Eindruck. Auffällig ist eventuell eine frühe, etwas eigenartige Sprachentwicklung und eine atypische, Fremdelphase. Spätestens im Kindergartenalter treten aber auch hier die ersten Probleme auf. Das Kind sondert sich ab, versteht seine Umwelt und damit auch seine Eltern immer weniger. Es weist Umarmungen in Situationen zurück in denen Kinder diese Art von Trost eigentlich dringend brauchen. Es zieht sich immer mehr in seine eigene Welt zurück, zu der die Eltern nur dann Zutritt haben wenn das Kind es wünscht oder ertragen kann.
Ich bekomme immer wieder Mails von Eltern, die sich angesichts dieser Entwicklung unglaublich hilflos fühlen, sich bittere Selbstvorwürfe machen oder dem Kind Gefühlskälte unterstellen und sie bitten um Hilfe zu verstehen.
Wir sind nicht gefühlskalt und es ist wirklich NIEMAND daran schuldig, dass wir so sind wie wir sind. Wir können lieben, auf unsere Art, die ihr genauso wenig verstehen werdet wie wir eure Art zu lieben und Gefühle zu zeigen verstehen werden.
So schwierig es sein mag, verabschiedet euch von der Vorstellung, eine „normale" Eltern-Kind

Beziehung zu haben. Verabschiedet euch von der Vorstellung, dass wir Umarmungen und Zärtlichkeiten wünschen. Wir brauchen das auch, aber wir holen es uns dann, wenn wir es ertragen können. In einer Situation in der wir sowieso schon überfordert sind, überfordert uns eure Art Sicherheit und Trost zu geben maßlos.

Ich verstehe inzwischen, dass euch das sehr verletzt und sehr traurig und hilflos macht. Macht euch klar, dass eure Kinder euch lieben, auf ihre eigene besondere Art. Ihr dürft traurig und hilflos sein, aber bitte zeigt es euren Kindern nicht. Sie bekommen Schuldgefühle (weil sie euch lieben) und fühlen sich unzulänglich und unverstanden (dieses Gefühl wird uns sowieso unser ganzes Leben begleiten). Wenn ihr euch und eurem Kind helfen wollt, nehmt emotionalen Abstand. Wir erfassen eure Gefühle hauptsächlich über den Verstand, wir sind irgendwann in der Lage sie nachzu-denken aber vermutlich nie in der Lage sie nachzu-fühlen und erschrecken euch sicherlich mit unseren teils heftigen, nicht nachvollziehbaren Gefühlsausbrüchen. Wir brauchen ruhige sichere Begleitung. Nehmt Hilfe für euch in Anspruch, ihr möchtet euch nicht traurig und hilflos fühlen und euer Kind möchte ganz bestimmt auch nicht das ihr euch so fühlt. Schätzt unsere Fähigkeiten und Besonderheiten und zeigt uns das, wir werden lernen euch ebensolche Wertschätzung entgegen zu bringen. Ihr habt ein besonderes Kind und eines Tages wird dieses Kind auch wissen, dass es besondere Eltern hat.

Mein Neffe Cèdric ist so ein besonderes Kind, zauberhaft scheu, mit einnehmendem natürlichem Charme. Er zieht die Menschen in seinen Bann ohne auf sie zuzugehen. Cedric möchte lieber in Ruhe gelassen werden, möchte sich seinen, für einen vierjährigen erstaunlich komplexen, Bastel- und Malarbeiten widmen. Das kann er den ganzen Tag mit großer Freude. Er liebt es draußen zu sein, Tiere zu beobachten oder aus gefundenen Naturmaterialen Mobiles und ähnliches zu basteln. Gerne beschenkt er ausgewählte Menschen damit. Außerdem liebt Cèdric Haie und Wale und kann mit großem Wissen auf diesem Gebiet glänzen. Besucht man mit ihm das Multimar Wattforum, kann man sich an seinen Vorträgen wirklich erfreuen. Auf seine Eigenarten sollte man sich schon einstellen, so gerne er auch schenkt, so wenig ist er bereit Geschenke anzunehmen, die er nicht gebrauchen kann. Er sagt dieses auch ganz offen und ich finde es sehr schade, dass einige Menschen darauf beleidigt reagieren, anstatt sich an dieser hintergedankenlosen Bescheidenheit zu erfreuen. Auch braucht er eine ganze Weile bis er Menschen begrüßt. Er geht relativ gerne in den Kindergarten, beschäftigt sich aber auch dort am liebsten mit malen und basteln.

Vor einiger Zeit malte er auf einmal Buchstaben, auf die erstaunte Frage meiner Schwester, woher er das auf einmal konnte, antwortete er mit großer Selbstverständlichkeit:" Das habe ich von alleine geweisst". Ebenso verblüfft er mit seiner Erklärung, warum der Computer bei Gewitter ausgeschaltet werden muss, sie war vollkommen korrekt." Ich weiß eben alles", war seine gelassene Antwort auf unser Erstaunen. Für Wortspielereien, unklare Aussagen und Ironie hat er allerdings genauso wenig übrig wie ich. Er versteht sie nur selten. Die Frage der Nachbarskinder "Spielst du mit uns"? beantwortete er mit einem klaren "Nein".......um sich kurz darauf zu beschweren, dass niemand mit ihm spielt. Meine Schwester reagierte überrascht:" die Kinder haben dich doch gerade erst gefragt ob du mit ihnen spielst". Stimmt hatten sie, aber Cèdric spielte ja gerade nicht mit ihnen, hätten sie gefragt ob er mit ihnen spielen möchte, hätte er die Frage auch richtig verstanden.

Cèdric hat seine eigene Art mit Menschen umzugehen. Onkel Fritz wird auf dem Sofa platziert und mit Spielzeug dekoriert. So lassen sich riesenhafte zwei Meter ertragen und Cedric ist es möglich sein Spielzeug zu zeigen und auch mit Onkel Fritz zu spielen.....aber bitte dekoriert auf dem Sofa sitzen bleiben. Interessiert ihn ein Thema, kann er furchtbar viel reden, um dann auf einmal verlegen innezuhalten und sich zu verstecken, wenn ihm das bewusst wird. Er drückt sich ausgesprochen gut aus, mit einem erstaunlichen Wortschatz, der oft eigene Wortkreationen beinhaltet, und wird von den meisten Menschen als sehr höfliches Kind empfunden.

Als Baby war Cèdric ein ausgesprochenes Schreikind und ließ sich nur selten von anderen

Menschen auf den Arme nehmen. Nähe ertrug er nur von seiner Mutter. Das hat häufig zu merkwürdigen "Ratschlägen" geführt,....lass ihn mal schreien....der ist nur bockig......usw. Meine Schwester war aber immer schon sehr gut in der Lage diese äußerst dämlichen Ratschläge zu ignorieren und ihrem Kind die nötige Sicherheit und Ruhe zu geben. Nur dieses unbewusst richtige Verhalten hat es Cèdric ermöglicht sich zu dem bezaubernden Vierjährigen zu entwickeln, der er heute ist, mit der Möglichkeit in seiner Welt zu leben, ohne sich von der Außenwelt völlig zu entfernen. Und mit der Möglichkeit uns mit seiner ganzen wunderbaren Art und seiner unglaublichen Kreativität zu erfreuen.

„Pappnase" ist die liebevolle Bezeichnung für Menschen die „anders" sind, die aus dem Rahmen fallen. Eine Bezeichnung für das Besondere. So ist es im folgenden Text von Joachim gemeint und möchte auch bitte so verstanden werden. Mich hat dieser Text sehr berührt, er drückt das aus was ich fühle und ich freue mich dass Joachim ihn für dieses Buch zur Verfügung gestellt hat. Joachim ist übrigens selber eine sehr liebenswerte, kluge Pappnase.

Pappnasenkinder

Irgendwo in meinem Hinterkopf weiß ich noch von Wolfsfantasien. Es gibt sie und sie sind ehrlich und auch begründet und sie entstehen, wenn man jungen Pappnasen auch den kleinsten

Anspruch auf Selbstbestimmung verwehrt. Sie haben doch keine großen Ansprüche: Schutz, Vertrauen und einen Platz für ihre Glaskugelwelt. Alles Dinge, auf die alle Kinder ein Recht haben. Schutz, ohne zu erdrücken, Vertrauen, ohne übermäßige Kontrolle und den Freiraum das eigene Sein entdecken und leben zu können. Alle Kinder haben dieses Recht! Alle Kinder sind Pappnasen; unmaskiert (bis auf die Nase), ehrlich und voller Träume. NTs lassen sich leichter anpassen, weil sie zu vorhandenen Filtern noch anerzogene hinzubekommen. Manche Kinder ziehen sich völlig von der fremden Welt zurück, andere nur, wenn das Fremdsein unerträglich wird.

Pappnasen können nicht wirklich Lügen, werden aber durch völlig wirre Außenweltansprüche gezwungen durch ihr Verhalten zu Lügen, weil sie dazugehören möchten. Der Druck ist auf Dauer nicht auszuhalten. Entweder verfallen sie irgendeiner Sucht oder sie bringen sich um oder ihr Verhalten wird so auffällig, das man sie verschiedenen "Krankheiten" und Behinderungen zuordnet. Aspie, ADS/ADHS, Depries und Borderliner werden irgendwo als teilintegrierbar eingestuft und nach Möglichkeit in Adaptionen (Anpassereien !!!!!!!!) psychiatrischen Einrichtung oder Behindertenwerkstätten abgeschoben. Einige schaffen es sich einigermaßen "normal" zu verhalten und werden als "komisch, eigenartig" usw. abgetan. So wie man von ihnen sagt, dass sie niemanden in ihre Welt lassen, so fehlt ihnen der Zugang zu einer unlogischen Welt voller

Widersprüche.
Wenn ich fröhliche Kinder sehe, machen sich die unterschiedlichsten Gefühle in mir breit. Als erstes das Innenwohlgefühl, es lässt die utopischsten Fantasien entstehen. Doch dann ist da das Wissen vom Unverständnis, es macht Angst. Wie viele mag es geben, die nie oder erst wenn sie älter sind entdecken, dass sie weder Schuld daran sind anders zu sein, noch dass irgendein Grund dafür besteht, das zu verstecken. Wie viele werden mit Medikamenten ruhig gestellt und von sich selbst entfernt. Sie gehören dann nicht nur nicht "dazu", sondern haben nicht einmal die Chance sich selbst zu entdecken. Behindert, natürlich sind sie behindert, denn man versucht mit allen Mitteln ihre Persönlichkeitsentwicklung zu verhindern, eigentlich sollten sie Verhinderte genannt werden. Abgesehen davon, dass ein unglaubliches Potential verschwendet wird, ist es eine gewaltsame Persönlichkeitsunterdrückung. "Die Würde des Menschen ist unantastbar", das stimmt noch nicht einmal im NT - Alltag.
Wo ist das Recht auf freie Entfaltung der Persönlichkeit?
Beim Kindergartenplatz ab dem 1. Lebensjahr, um angeblich soziale Kompetenz zu lernen.
Die Worte "Jedem das Seine" haben zwar an der Innenseite des Tores in einem KZ gestanden, sind dadurch aber nicht unrichtig geworden. Jeder sollte sich nach seinen Möglichkeiten in die Gesellschaft einbringen. Wenn er das tun kann und darin gefördert wird ohne sich oder anderen

Schaden zuzufügen, dann ist das soziale Kompetenz. Es mag oft notwendig sein schwachen Menschen zu helfen, aber genauso notwendig ist es alle Menschen darin zu unterstützen sich nach ihren Möglichkeiten einzubringen. Bei Pappnasen übertreffen diese Möglichkeiten den Durchschnitt oft um ein Vielfaches.

Hm, eigentlich wollte ich nur schreiben, dass ich wunderschöne Utopien träume und diese meine Tage grün machen. Nun schreibe ich über Dinge, die sich nur durch eine liebevolle Aufklärung von NTs in ziemlich weiter Zukunft erreichen lassen. Cèdric und andere kleine Pappnasen sind für mich Hoffnungsträger, ohne übergroße Erwartungen zu haben.

Es gibt viele NTs, die sehen nicht mehr das Wirtschaftswachstum als vorrangig an, sondern ein Wachstum an Menschlichkeit. Das sind die Menschen, die erreicht werden müssen, bevor sie sich ehrenamtlich einem Verein oder Vereinigungen wie der Kirche anschließen. Macht die Tage grün für alle, aber lasst uns auch blau sein!

Joachim Eggers

(NT`s = neurotypische Menschen)

Ich habe bereits an anderer Stelle versucht einige Regeln im Umgang mit Autisten aufzustellen und wiederhole sie hier gerne noch mal. Es sind einfache Dinge die den Alltag etwas erleichtern können und es sind Regeln, die auch Freunde und Bekannte der Familie durchaus im Umgang mit dem Kind beachten können.

Helft uns euch besser zu verstehen - sagt was ihr meint.

Ironie und Wortspielereien sind zwar lustig - erklärt sie uns aber bitte, wenn wir sie nicht verstehen.

Nehmt unsere Worte so wie sie sind, wir meinen das was wir sagen und sind nicht in der Lage, Sätzen durch Mimik, Gestik und Tonfall eine andere Bedeutung zu geben - Ein Interpretationsversuch euerseits führt nur zu unnötigen Missverständnissen.

Für euch mag es eine Geste der Freundlichkeit sein, sich zur Begrüßung und zum Abschied die Hand zu geben oder sich zu umarmen - für uns ist das schon ein Eindringen in die Privatsphäre, was wir höchstens unserer Familie und guten Freunden zugestehen (und das auch längst nicht immer). Respektiert das bitte.

Viele von uns sind Berührungs- und Lärmempfindlich. Erspart uns nett gemeinte Tätscheleien und habt Verständnis wenn wir uns bei zu heftiger Geräuschkulisse zurückziehen oder abschalten.

Im Interesse unserer Mitmenschen sollte jeder Autist ein "BITTE NICHT STÖREN" Schild aufstellen, wenn er mit seinen Spezialinteressen beschäftigt ist. Eine Störung von außen, kann heftige Reaktionen zur Folge haben, Stört also bitte vorsichtig und nur wenn es sein muss.

Wir lieben Regeln und Ordnung (unsere eigenen versteht sich). Ausflüge und ähnliches müssen geplant werden, es bringt uns schon aus der Fassung, wenn ein ungeplanter Besuch eingeschoben wird. Und NEIN, ich möchte auf keinen Fall nach dem Einkaufen spontan bei Frau Meyer vorbeischauen, weil es auf dem Weg liegt und ein plötzliches abschwenken nach rechts," Ach lass uns doch schnell noch mal in den Baumarkt", kann dafür sorgen, dass der Rest des Tages im Chaos versinkt.

Verkneift euch spontane Besuche, es gibt so freundliche Einrichtungen wie Telefon und Internet, beides kann man durchaus für eine vorherige Ankündigung nutzen (mind. einen Tag vorher, wobei Ausnahmen die Regel bestätigen).

Diese einfachen Regeln, habe ich mal für mein Erwachsenendasein aufgeschrieben, aber sie lassen sich für Kinder, an einigen Stellen eventuell umformuliert, sicher genauso gut anwenden.

Menschen im autistischen Spektrum fällt es besonders schwer, sich in andere Menschen hinein zu versetzen, ihr Denken und Fühlen zu verstehen. Die meisten Autisten haben auch

Probleme ihre eigenen Gefühle auszudrücken und mitzuteilen. Um die fehlende oder mangelhafte soziale Kompetenz zu trainieren - und damit den Umgang mit anderen Menschen zu erleichtern und zu fördern - haben Wissenschaftler verschiedene Lernmethoden entwickelt. So kann zum Beispiel in Gruppen unter Anleitung in Rollenspielen und Gesprächen sozial "richtiges" Verhalten geübt werden. Ebenso gibt es Bücher und Computerprogramme, die dieses unterstützen. Bis zu gewissen Grenzen ist soziale Kompetenz lernbar. Es ist zum Beispiel durchaus möglich zu lernen, dass man nicht unbedingt lauthals seine Meinung zum Besten gibt, wenn man der Meinung ist, dass das Kleid von Tante Gertrud absolut grauenhaft ist. Man kann lernen zu akzeptieren, dass Tante Gertrud sich dadurch verletzt fühlt, dass Verständnis dafür lässt sich vermutlich nicht lernen. Gestik, Mimik und Körperhaltung sind für die meisten Autisten nichts sagende Ausdrucksformen. Anhand von Bildern ist es aber durchaus für viele Autisten möglich diese zu lernen und zu interpretieren. Es gelingt einigen sogar dieses für sich selber umzusetzen und sich dadurch in die Lage zu begeben Körpersignale auszusenden. Sehr schwierig ist für fast alle Autisten der Blickkontakt, für Nichtautisten aber gerade im Gespräch fast unerlässlich. Völlig unnötig und überflüssig erscheint uns Smalltalk - und doch ist auch dieser Umgang mit nichtautistischen Menschen wichtig. Er dient dazu sich kennen zu lernen oder sich von wesentlichen Gesprächen

abzulenken. Auch Smalltalk ist erlernbar, weil er nach einem bestimmten Schema abläuft:
Blickkontakt aufnehmen - Lächeln - Grüßen - Etwas zur gemeinsamen Situation sagen, z. B. am Bankschalter: „Heute ist aber viel los".
Dabei ist darauf zu achten, nichts Persönliches zu sagen, keine Monologe zu halten und kurze Sätze zu benutzen. Außerdem sollte man darauf achten ob der andere an dem gewählten Thema interessiert ist. Wenn man Smalltalk betreiben möchte sollte man sich auch bemühen Redewendungen zu interpretieren und Ironie zu verstehen.
Alles in allem nicht so einfach. Ob jemand das lernen möchte und kann, gerade in Bezug auf Smalltalk, bleibt jedem eigenständig überlassen. Ich halte es für wichtiger zu lernen, im Leben selbstständig und mit Selbstachtung zurecht zu kommen. Jeder Einzelne hat hier andere Bedürfnisse und Wünsche, die nicht außer Acht gelassen werden sollten.

Ein weiteres wichtiges Thema ist das autoagressive Verhalten. Das ist eine Problematik die nicht so einfach als Aspie-typisch hingenommen werden kann und darf. Hier ist auf jeden Fall therapeutische Betreuung notwendig. Manchmal zeigt sich autoagressives Verhalten schon in der frühen Kindheit, manchmal auch erst in der Pubertät, aber nicht zwingend notwendig als Kriterium.
Ich habe relativ früh gelernt, dass ich meine Wut nicht zeigen darf. Ich darf nicht mit Gegenständen

um mich werfen. Ich darf meine Eltern und Geschwister nicht anschreien und auch keine anderen Personen. Es war ausreichend mir einmal meine Bücher wegzunehmen um mir das beizubringen. Wütend war ich aber fast immer - auf mich, weil ich so wenig verstand, auf meine Umwelt, weil sie mich nicht annähernd verstand und sich häufig völlig bescheuert und unlogisch verhielt (subjektiv). Also tat ich das einzig mir Mögliche, um meine Wut in irgendeiner Form zum Ausdruck zu bringen und nicht das Gefühl zu haben innerlich zu platzen oder zu ersticken. Ich verletzte mich selber. Sehr schnell fanden auch andere unangemessene Gefühle wie Traurigkeit, Angst; Stress und Überforderung, auf diese Art ihren Ausdruck. Ich hatte nicht gelernt oder begriffen, dass nicht die Gefühle unangemessen waren, sondern dass die ANLÄSSE und die Art WIE ich diese Gefühle zum Ausdruck brachte, im Empfinden meiner nichtautistischen Mitmenschen unangemessen war. Ein großes Problem war es auch für mich, dass ich meine Gefühle nicht differenzieren konnte. Freude und Angst waren Gefühle die ich gut fühlen konnte, alles andere lag außerhalb meines Verständnisses. Ich habe alle Gefühle den von mir gut fühlbaren Grundgefühlen, Freude und Angst zugeordnet, also auch meine Wut als Angst empfunden.
Später habe ich gelernt, meine Gefühle zu differenzieren und ihnen auf andere Art Ausdruck zu verleihen. Mittlerweile kann ich dieses sogar verbal. Je nach Alter des Kindes finden sich hier

Möglichkeiten um das autoaggressive Verhalten umzulenken. Mit einem etwas größeren Kind kann man diese Möglichkeiten durchaus gemeinsam suchen und überlegen was für das Kind wirklich hilfreich ist. Autoaggressives Verhalten bewusst zu steuern und umzulenken, ist ein sehr langwieriger Prozess, da dieses immer aus einer Notsituation heraus geschieht. Es ist nichts was das Kind oder der Jugendliche absichtlich macht um andere zu ärgern oder Aufmerksamkeit zu erringen. In Eigenregie lässt sich diese Problematik kaum lösen. Fachliche Hilfe ist hier unbedingt notwendig, auch für die Eltern. Für sie ist es schwierig mit dem autoaggressiven Verhalten ihres Kindes umzugehen. Ich glaube dass das ein sehr großes Gefühl der Hilflosigkeit verursacht. Die Eltern wünschen sich, dieses sinnlose Verhalten umgehend abstellen zu können und glauben manchmal in ihrer Rolle als Eltern versagt zu haben, weil ihnen das nicht gelingt. Das kann auch die Partnerschaft durch gegenseitige Schuldzuweisungen sehr belasten.
Mit einem autistischen Menschen zu leben ist vermutlich niemals einfach. Umgekehrt ist es für uns aber auch sehr schwierig in dieser Welt zu leben. Wir fühlen uns oft wie auf einem fremden Planeten, fehl am Platz mit unseren Bedürfnissen und unserer Art zu denken und zu fühlen. Wir merken sehr früh, dass wir anders sind. Manchmal versuchen wir uns in unseren Intellekt zu retten und wirken dann hochmütig und arrogant, was es nicht einfacher macht Freundschaften zu schließen und Anerkennung

zu finden. Mein Bruder (der einige autistische Züge hat) versuchte Anerkennung vor allem über sein hohes Wissen zu bekommen. Seine Motivation zu lernen lag lediglich darin, anderen zu beweisen, dass er nicht dumm ist. Er maßregelte und verbesserte seine Lehrer genauso hemmungslos wie seine Mitschüler und ich glaube dass es seine Lehrer besonders ärgerte, dass er immer Recht hatte. Er kam nie in die Verlegenheit Unrecht zu haben, weil er sich vorher stets genau vergewisserte, dass er sein Wissen belegen konnte. Ich habe hingegen aus reiner Freude am Lernen gelernt (eine Freude die ich heute immer noch habe), aber ich war selten bereit an dem Erlernten andere Menschen teilhaben zu lassen. Letzteres hat sich allerdings inzwischen geändert und ich gehe meinen Mitmenschen häufig mit meinen Vorträgen auf die Nerven. Obwohl mir das bewusst ist kann ich es nur selten abstellen.
Besonders wenn es um meine Spezialinteressen geht (zu denen inzwischen auch das Asperger-Syndrom gehört) fällt es mir sehr schwer mich mit meinem Wissen und meiner Meinung zurück zu halten. Wenn es um ihre Spezialinteressen geht, fühlen Autisten sich wohl und zu Hause. Für einige bedeutet es sogar die einzige wirklich Freude in ihrem Leben. Es ist dann kaum verwunderlich, dass Zeit die nicht hiermit verbracht wird, als sinnlos und lästig empfunden wird. Manchmal nehmen die Spezialinteressen so viel Raum ein (auch im Denken), dass andere Aktivitäten völlig abgelehnt werden. Es ist nun sehr unsinnig die Spezialinteressen völlig

eindämmen zu wollen. Häufig ist aber eine Zeitbegrenzung notwendig um genug Raum für die täglichen Notwendigkeiten und für andere Aktivitäten zu schaffen. Die zeitliche Begrenzung sollte festgelegt sein, so dass das Kind genau weiß wann es sich wieder seiner Lieblingsbeschäftigung zuwenden kann. Dieses muss auch unbedingt eingehalten werden. Routinen sind wichtig und geben Sicherheit, auch in diesem Fall. Die Spezialinteressen sind für Eltern und Angehörige manchmal eine gute Möglichkeit, mit ihre Kind gemeinsam eine für beide Seiten angenehme Zeit zu verbringen. Vielleicht ist es eine Möglichkeit sich mit dem Kind z.B. vor dem Schlafengehen, eine halbe Stunde in Ruhe damit zu beschäftigen. Diese gemeinsame Zeit hat aber nichts mit der Zeit zu tun, die Ihr Kind alleine mit seinen Interessen verbringen möchte (und muss). Betrachten Sie dieses als ein Privileg, ein Zeichen seiner Zuneigung zu Ihnen. Der richtige Zeitpunkt für eine gemeinsame Zeit ist davon abhängig, wie sehr es das Kind aufregt oder auch beruhigend wirkt und sie ist natürlich auch von dem allgemeinen Tagesablauf der Familie abhängig.

Ich möchte an dieser Stelle noch einmal auf die Probleme der adäquaten Erkennung von Distanz und Nähe eingehen und den Gefahren die daraus resultieren. Das was angemessen ist, vor allem wenn es die Distanzlosigkeit betrifft sollte möglichst früh vermittelt werden. Kinder und Jugendliche mit psychischen und emotionalen

Behinderungen/Einschränkungen (z.B. Asperger-Syndrom und andere Formen autistischer Behinderungen/ ADS und ADHS) sind durch ihre andere Form der Wahrnehmung, im kommunikativen Bereich und der sozialen Interaktion und dem dadurch häufig fehlenden adäquaten Umgang mit Distanz und Nähe einem deutlich erhöhten Risiko des körperlichen und emotionalen Missbrauchs durch Menschen in ihrem sozialen Umfeld ausgesetzt.

70-90% der Täter kommen aus dem sozialen Umfeld der Opfer !

Ein Grund für das deutlich erhöhte Risiko ist sicherlich der oft heftige Wunsch nach Annerkennung, Zuneigung und Verstehen, da diese Kinder schon häufig früh die Ausgrenzung in ihrem Umfeld, bedingt durch ihre Andersartigkeit, zu spüren bekommen. Zu Menschen von denen sie sich angenommen fühlen (oder den Wunsch danach verspüren) entwickelt sich dann oftmals eine Distanzlosigkeit, die bestenfalls Verärgerung auf der anderen Seite auslöst, schlimmstenfalls aber den Weg zum Missbrauch ebnet.

Auch erwachsene Menschen mit den oben genannten Einschränkungen sind der Gefahr des emotionalen und körperlichen Missbrauchs ausgesetzt, wenn nicht rechtzeitig und adäquat in diese Richtung interveniert wird.

Die Betroffenen sind sich ihrer Distanzlosigkeit und der Gefahr in die sie sich dadurch begeben nicht bewusst, das gilt sowohl für den körperlichen und erst recht für den emotionalen Missbrauch.

Relativ häufig findet sich im Zusammenhang mit den genannten Behinderungen und Einschränkungen eine Sensibilitätsstörung, die zur Folge hat, dass Berührungen anders wahrgenommen werden. Berührungen die normalerweise als angenehm empfunden werden (z.B. sanftes Streicheln) werden als unangenehm oder sogar schmerzhaft wahrgenommen, während stärkere Berührungen als gerade gut und angenehm fühlbar empfunden werden. Die Gefahr des sexuellen, körperlichen Missbrauchs, der oftmals von den Opfern nicht einmal als solcher wahrgenommen wird, ist nicht von der Hand zu weisen und deutlich erhöht. Wenn dann noch auf der kommunikativen Ebene eine Situation erreicht wird, die ein angenehmes Gefühl des verstanden und angenommen werden erzeugt ist die Gefahr, dass dieser Missbrauch über Jahre hinweg erfolgt und unentdeckt bleibt besonders hoch. Erst die oft verspätete Entwicklung der Sexualität offenbart dem Opfer eine Ahnung des sexuellen Missbrauchs, verhindert aber eine Anvertrauung an eine Bezugsperson, da diese Erkenntnis auch zu Schuldgefühlen und zu der Angst führen wieder alleine und ungeliebt da zu stehen. Wir nehmen manchmal recht merkwürdige Opfer in Kauf um Zuneigung und Verständnis zu erhalten (und ich denke, dass das auch oft für „Normalos" gilt).

Ausbildung und Beruf

Einen passenden Beruf zu finden ist für Menschen aus dem autistischen Spektrum nicht immer einfach. Zum einen richtet die Wahl sich natürlich nach den persönlichen Wünschen und Vorstellungen, zum anderen dürfen die Aspekte, wie schulische Bildung und persönliche Möglichkeiten nicht außer Acht gelassen werden. Die Ausbildung sollte den Neigungen und Fähigkeiten entsprechen, das gilt wohl für alle Menschen. Manchmal lassen sich hier sehr gut die Spezialinteressen nutzen. Ob die Ausbildung auf dem freien Arbeitsmarkt, rein schulisch oder in einem Berufsbildungswerk stattfindet, ist zum einen von den örtlichen Gegebenheiten und Möglichkeiten abhängig, zum anderen von den Fähigkeiten des Auszubildenden. Gerade Menschen aus dem autistischen Spektrum brauchen oft mehr Zeit um sich zu entwickeln und sind dann in dem geschützten Rahmen eines Berufsbildungswerk besser aufgehoben, als auf dem freien Arbeitsmarkt. Berufsbildungswerke (auch Berufsförderungswerke) bieten im Allgemeinen auch Wohnmöglichkeiten. Das ist oft der erste Schritt in die Selbstständigkeit, der Weg zu einer eigenen Wohnung. Je nach Entwicklungsstand kann es auch sinnvoll sein die Berufliche Bildung in Werkstätten für Menschen mit Behinderungen zu nutzen. Hier wird nicht nur eine berufliche Vorbildung mit dem Einblick in verschiedene Arbeitsbereiche geboten, sondern auch ganz praktische Alltagsdinge geübt und vermittelt, die für ein eigenständiges Leben unerlässlich sind. Das Recht die berufliche Bildung zu nutzen haben Schulabgängern und Menschen, die aufgrund ihrer Behinderung keinen Arbeitsplatz finden. Nach § 102 SGB III steht die Möglichkeit offen, eine berufliche Bildung in einer Werkstatt für behinderte Menschen (WfbM) durchzuführen. Die in der Regel zweijährige Maßnahme wird über die Agentur für Arbeit oder den Rentenversicherungsträger finanziert und soll den Teilnehmern ihre Möglichkeit der Eingliederung ins Arbeitsleben und die persönliche Auseinandersetzung mit dem Weg dorthin eröffnen. Es bedeutet nicht, dass eine Teilnahme am Arbeitsleben von nun an nur noch in einer WfbM möglich ist. Die Berufliche Bildung versteht sich als Eingliederungshilfe mit dem Ziel für jeden seine persönlichen Möglichkeiten und Wünsche herauszufinden und den Weg dorthin zu ebnen. Im Allgemeinen dauert die berufliche Bildung zwei Jahre und ist in zwei Stufen gegliedert. Im ersten Jahr werden die Möglichkeiten verschiedener Arbeitsbereiche durch Lehrgänge und Praktika vermittelt. Lehrgänge finden in der Gruppe statt, in der grundlegende Fachkenntnisse zu den verschiedenen Arbeitsbereichen erarbeitet werden. Nach jedem Lehrgang kann das Gelernte dann in einem Praktikum in einer der Produktionsgruppen der Werkstatt gefestigt und weiterentwickelt werden. Auch Praktika außerhalb der Werkstatt sind möglich. Nach einem Jahr entscheiden sich die Teilnehmer für einen Arbeitsbereich, in dem sie sich qualifizieren möchten. Im zweiten Jahr werden praktische Fähigkeiten in der gewählten Produktions- oder Dienstleistungsgruppe vermittelt. Die Arbeiten werden von der Pike auf erlernt. Mehrere Wochen im Jahr finden Unterrichtsangebote statt, in denen ähnlich der Berufsschule Fachwissen vermittelt wird. Es werden Kurse angeboten, zur Bedienung von Maschinen und Arbeitsgeräten zu allgemeinen Themen, die für die Selbständigkeit und das Leben als Arbeitnehmer wichtig sind (Kontoführung, Bewerbungstraining, Lesen, Schreiben, Rechnen, Mitbestimmung in der Werkstatt und vieles mehr). Ebenso werden in der Gruppe Exkursionen, Ausflüge und Freizeiten, Sport und kreatives Arbeiten sowie Besuche von kulturellen Veranstaltungen angeboten. In vielen Werkstätten sind die Bereiche der Beruflichen Bildung auch auf Menschen aus dem autistischen Spektrum ausgelegt. Eine Ausbildung auf dem ersten Arbeitsmarkt oder in einem Berufsbildungswerk ist immer das vorrangige Ziel. Auch in einem Berufbildungswerk wird auf die Bedürfnisse von Jugendlichen mit Einschränkungen und Behinderungen besonders eingegangen. Die Ausbildung erfolgt auf Grundlage des Berufsbildungsgesetzes (BBiG) beispielsweise der Handwerksordnung (HwO) nach dem dualen System in Ausbildungswerkstätten und der hauseigenen Berufsschule. Berufsschule und Lehrwerkstätten befinden sich unter einem Dach; deshalb können Schule und praktische Ausbildung eng miteinander verzahnt werden.

Das Zusammenwirken der Lehrwerkstätten mit modernster Ausstattung, einer Berufsschule zur sonderpädagogischen Förderung sowie der Fachdienste im Haus garantiert den Ausbildungserfolg der Jugendlichen. Die Ausbildung erfolgt auf Grundlage des Berufsbildungsgesetzes (BBiG) bzw. der Handwerksordnung (HwO) nach dem dualen System in Ausbildungswerkstätten und der hauseigenen Berufsschule. Der Unterricht findet aufgrund der Einschränkung durch die unterschiedlichsten Behinderungen in kleineren Klassen als in der Regelberufsschule statt. Lernschwächere Schüler erhalten einen besonderen Stütz- und Förderunterricht. So kann auf die Lernbedürfnisse der einzelnen Auszubildenden individuell eingegangen werden. Die spätere berufliche Eingliederung wird im BBW durch Realitätsnähe der Ausbildung, die Qualifikation der Ausbilder und die aktuelle technische Ausstattung optimal vorbereitet. Ergänzend dazu gibt es verschiedene zusätzliche Angebote, um den Start in das Berufsleben möglichst optimal zu gestalten. Durch die enge Vernetzung der Bereiche Ausbildung, Schule, Wohnen und Fachdienste werden die Teilnehmer nicht nur fachlich, sondern auch in ihrer Persönlichkeit kontinuierlich stabilisiert. So erweisen sie sich den Anforderungen des allgemeinen Arbeitsmarktes und des eigenständigen Lebens zunehmend gewachsen. In den Wohnbereichen des BBW stehen meistens verschiedene Stufen zur Verfügung. Zum einen

das Internat. Hier ist die Betreuung noch sehr intensiv. Außerdem steht noch ambulant betreutes Wohnen zur Verfügung und das selbstständige Wohnen, wo nur noch wenig individuelle Hilfestellung geleistet wird.
In Zusammenarbeit mit den Mitarbeitern der Agenturen für Arbeit und der Integrations-Fachdienste werden die Auszubildenden und Umschüler bei der Vermittlung auf den ersten Arbeitsmarkt beraten und unterstützt. Einstellungswilligen Betrieben wird in der ersten Phase der Beschäftigung die Unterstützung durch alle Abteilungen des Berufsbildungswerkes ermöglicht, um eine individuelle Integration in einen behindertengerechten Arbeitsplatz auf Dauer zu sichern. Dieses ist gerade auch für Menschen aus dem autistischen Spektrum von hoher Wichtigkeit, da sie oft einen ruhigen Arbeitsplatz mit kontinuierlichen Aufgaben benötigen. Was aber nicht bedeutet, dass sie nur Routineaufgaben machen können. Viele Autisten haben eine hohe Kreativität und eine oft eher ungewöhnliche Form der Aufgabenumsetzung.
Die Fachdienste im BBW bestehen aus Ärzten, Psychologen, Therapeuten, Pädagogen und Sozialarbeiter. So ist eine Rundumversorgung gesichert und greift effektiv ineinander. Die meisten Berufsförderungswerke sind auf verschiedene Behinderungsbilder spezialisiert. Nicht alle nehmen auch Menschen aus dem autistischen Spektrum auf. Hier ist es aber möglich Erkundigungen einzuziehen, z.B. über das Internet. Einige Adressen werde ich auch am

Ende des Buches aufführen, sie erheben aber keinen Anspruch auf Vollständigkeit.

Der moderne Arbeitsplatz ist von permanenter Kommunikation geprägt, ob nun telefonisch oder persönlich. Stressresistenz ist zu anderen erforderlichen Eigenschaften hauptsächlich notwendig um auf dem freien Arbeitsmarkt zu bestehen. Für Autisten sind diese Bedingungen nicht gerade ideal. Sie können einem Arbeitgeber vor allem Sorgfalt, Verlässlichkeit, Detailgenauigkeit, hohe Motivation, Wahrheitsliebe und Ausdauer bieten. Ebenso so sind Aspies durchaus in der Lage in nicht zu großen Teams zu arbeiten und finden sich in faktenbezogener Kommunikation gut zurecht. Notwendig ist hier allerdings ein gewisses Entgegenkommen der Kollegen und des Arbeitgebers. Kein abrupter Themenwechsel, klare Aussagen und keine „Halbsätze" sind schon sehr hilfreich. Ebenso sollten Arbeitsanweisungen klar strukturiert sein und klare Ziele beinhalten. Der geeignete Arbeitsplatz wird für jeden Autisten genauso von unterschiedlichen Wünschen, Neigungen und Vorstellungen geprägt sein, wie für jeden anderen Menschen auch. Dennoch sind einige Grundvoraussetzungen zu beachten. Da die Defizite meistens in der sozialen Interaktion, in der nonverbalen Kommunikation und in der Teilbereichen der Wahrnehmung liegen ist ein Arbeitsplatz mit viel Publikumsverkehr oder in der Kundenbetreuung nicht gerade ideal. Es gibt allerdings durchaus Aspies die in sozialen Berufen hervorragend zurecht kommen, vor allem wenn die Rahmenbedingungen stimmen. Geeignete Arbeitsplätze finden sich meisten in der Computerbranche, in technischen und wissenschaftlichen Berufen oder in der Fehlerdiagnostik. Auch die Arbeit als Restaurateur ist vor allem durch die Liebe zum Detail sehr geeignet. Viele Autisten haben auch eine Vorliebe für die geschriebene Sprache. Durch die Detailgenauigkeit wäre hier der Beruf des Lektors erstrebenswert oder die Arbeit in einer Redaktion. Die Vorliebe für Routine kommt Aspies auch an Arbeitsplätzen zu Gute, an denen andere Menschen nicht so gerne arbeiten oder schnell ermüden. Hier bieten sich unter anderem die Datenerfassung, Dokumentationserstellung, Suche und Verwertung von Informationen aus dem Internet, Systemdokumentation oder der Verpackungs- und Versand-Service an. Ebenso sind Arbeitsplätze im Testbereich und in der Qualitätskontrolle geeignet.

Ein eigener Arbeitsbereich und die weitgehende Vermeidung von akustischen und optischen Umweltreizen sind in den meisten Fällen für eine erfolgreiche Teilnahme am Arbeitsleben unerlässlich. Ebenso wie Gesprächsdisziplin bei Besprechungen und anderen Gesprächen. Das Vermeiden von raschen Themenwechsel und Halbsätzen habe ich weiter oben schon erwähnt, Durcheinanderreden ist ebenfalls nicht gerade günstig. Hier können die nicht-autistischen Mitarbeiter sogar profitieren. Gespräche und Besprechungen können unter den genannten

Gesichtspunkten viel effektiver verlaufen. Grundsätzlich ist es sinnvoll ein höchstmögliches Maß an Schulbildung anzustreben und auch die Möglichkeit eines Studiums nicht außer Acht gelassen werden. Die Chancen auf dem freien Arbeitsmarkt einem geeigneten Beruf zu finden erhöhen sich dadurch deutlich. Der nicht fachliche Teil des Studiums wird für Autisten einige Schwierigkeiten mit sich bringen. Im Regelfall hat man nicht das Glück, dass die Universität direkt vor der Haustür liegt. In den meisten Fällen bedeutet ein Studium auch einen Wohnortwechsel. Manchmal ist es möglich sich eine eigene Wohnung zu leisten (hier ist wieder das persönliche Budget in Betracht zu ziehen, das für eine Hilfe zum eigenständigen wohnen genutzt werden kann). In den meisten Fällen wird aber dem Studentenwohnheim aus Kostengründen der Vorzug gegeben. In der Gruppe ist es leichter sich an die täglichen Aufgaben, wie Essen, aufräumen und Wäsche waschen zu halten, allerdings ist hier die Privatsphäre nicht sehr groß, was für Autisten zu einer echten Belastung werden kann. Bedenken sollte man auch unbedingt gesundheitliche Aspekte, viele Autisten neigen dazu neigen sich unausgewogen und sehr einseitig zu ernähren oder das essen auch mal zu vergessen. Hier hilft ein Ernährungsplan, der unter Berücksichtigung der Lieblingsspeisen zusammengestellt werden kann. Ein weiterer Punkt ist, dass vermutliche ein neuer Hausarzt gesucht werden muss. Erkrankungen weigern sich meistens bis zu den Semesterferien zu warten. Ich halte es für eine gute Idee, sich bereits vor Studienbeginn damit zu beschäftigen und den neuen Hausarzt zumindest das erste Mal, gemeinsam mit einer vertrauten Person aufzusuchen. Schwierig werden sicherlich auch die vielen neuen Gesichter sein, besonders wenn der Autismus von einer Prosopagnosie (Gesichtsblindheit) begleitet ist. Mich bringt das manchmal in verwirrende Situationen, weil die Menschen darauf beleidigt reagieren und nur selten verstehen können, das man sie einfach nicht wieder erkennt. Ich orientiere mich hier vornehmlich an Einzelmerkmalen, einer Tätowierung, einem Leberfleck oder einer besonders markanten Stimme. Finde ich so ein besonderes Zuordnungsmerkmal nicht, dann ist es der Kleidungsstil oder die Frisur die mir ein bisschen weiterhilft. Bedauerlich wenn derjenige sich entschließt beides zu wechseln. Allerdings sind Studenten eine erstaunlich tolerante Menschenart und finden einen gar nicht so merkwürdig. Im Umgang mit den anderen Studenten stellen sich vielleicht auch Fragen über die eigene Sexualität. Menschen mit dem Asperger-Syndrom oder High funktional Autismus sind hier oft Spätentwickler. Fragen hierzu kann man mit einer vertrauten Person erörtern oder sich in Büchern genauer informieren. In meinem Buch" Das Asperger-Syndrom, Sexualität, Partnerschaft und Eltern sein" bin ich explizit darauf eingegangen. Ich möchte an dieser Stelle nochmals auf meinen bereits angebrachten

Hinweis zu der Gefahr des Missbrauchs verweisen (Seite 52-54).

Durch den Umgang mit vielen fremden Menschen entsteht häufig ein hoher Stresslevel. Es kann hilfreich sein, dieses mit Hilfe einer sportlichen Aktivität abzubauen oder aber außerhalb der eigenen vier Wände eine sozial akzeptable Form der Selbststimulierung zu finden (Gartenschaukel o.ä.) die häufig zur Beruhigung unerlässlich ist und sich auch nicht so einfach abschalten lässt. Studierende mit Behinderungen haben ein Anrecht auf einen Nachteilsausgleich. Unterstützung und Beratung kann man bei der Psychosozialen Beratungsstelle der Hochschule bekommen. Gemeinsam und auf die individuellen Schwierigkeiten abgestimmt, lassen sich Möglichkeiten finden um den Studienablauf zu erleichtern. Es lassen sich Absprachen treffen über Zeitverlängerung bei Klausuren und für mündliche Prüfungen oder Ersatzleistungen vereinbaren. Der Nachteilsausgleich ist in den *Gesetzlichen und hochschulrechtlichen Grundlagen der Nachteilsausgleiche* festgelegt. Zu den Aufgaben der Hochschulen gehört nach § 2 Abs. 5 des Hochschulrahmengesetzes und den entsprechenden Gesetzen der Länder die Berücksichtigung der besonderen Bedürfnisse behinderter Studierender. Hieraus folgt, dass Studien- und Prüfungsordnungen so gestaltet sein müssen, dass auch Studierende mit Behinderungen angemessene Bedingungen vorfinden. Die Bachelor- und

Masterprüfungsordnungen und die meisten Diplom, Magister- und Lehramtsprüfungsordnungen an der Fachhochschule sowie an der Universität enthalten wortwörtlich bzw. sinngemäß den folgenden Passus: „Macht die oder der Studierende glaubhaft, dass sie oder er wegen länger andauernder oder ständiger Behinderung nicht in der Lage ist, die Leistung ganz oder teilweise in der vorgeschriebenen Form abzulegen, ist ihr oder ihm durch die Prüfungskommission zu ermöglichen, die Leistungen in einer verlängerten Bearbeitungszeit oder gleichwertige Leistungen in anderer Form zu erbringen. Dazu kann die Vorlage eines ärztlichen Attestes verlangt werden. Entsprechendes gilt für Studienleistungen." Dies bezieht sich also nicht nur auf Zwischen- und Abschlussprüfungen, sondern auch auf Leistungsnachweise und Teilabschnitte im übrigen Studium. Eine Anpassung, eine Prüfungsmodifikation oder ein Verzicht auf eine spezifische Leistungsanforderung ist keine Bevorzugung, sondern ermöglicht behinderten Menschen Chancengleichheit oder einen Nachteilsausgleich beim Studieren. Sinnvoll ist hier die Zusammenarbeit mit den akademischen Prüfungsämtern und den Beratungsstellen. Eine bundesweite Anlaufstelle findet sich im Adressenanhang.
Zur Finanzierung des Lebensunterhalts können Studierende mit Behinderungen Ausbildungs-Förderung nach dem Bundpesausbildungs-Förderungsgesetz (BAföG) erhalten. Es gibt einen

Mehrbedarfszuschlag zum Lebensunterhalt, § 21 Abs. 4 SGB II. Behinderungsspezifischer Mehrbedarf kann im Rahmen der Eingliederungshilfe als Hilfe zur Ausbildung geleistet werden, § 54 Abs. 1 Satz 1 Nr. 2 SGB XII z.B. Fahrtkosten, Kosten für einen Studienhelfer.

Eine Bewerbung um einen Arbeitsplatz bringt natürlich auch grundsätzlich die Überlegung mit sich, ob und wann dem potenziellen Arbeitgeber die Behinderung mitgeteilt wird. Gezwungen wird niemand dazu, auch dann nicht wenn ein Schwerbehindertenausweis vorhanden ist. Wie jede andere Behinderung auch, wird das Asperger-Syndrom meistens erstmal als nachteilig betrachtet. Zumal die Informationen darüber in der Bevölkerung nicht gerade sehr verbreitet sind. Wenn also der Entschluss gefasst wird, dieses mitzuteilen, ist es vermutlich notwendig gleich einige relevante Informationen mitzuliefern. Das bedeutet bitte nicht, einen dreistündigen Vortrag darüber zu halten ;-). Eine Viertelstunde ist vollkommen ausreichend. Die Informationen sollten sich vorher gut überlegt und klar zurecht gelegt werden. Ich neige sehr dazu in Schweigen und Rotwerden zu verfallen, wenn ich bei meinem zurecht gelegten Gespräch durch unerwartete Zwischenfragen oder eine Änderung des Gesprächsverlaufes aus dem Konzept gebracht werde. Hier können Bewerbungslehrgänge hilfreich sein, um das freie Sprechen und unerwartete Interventionen zu üben, ebenso kann es hilfreich sein mit einem Freund oder einem

Familienmitglied zu üben. Dabei sollte die Gesprächssituation immer wieder neu gestaltet werden um möglichst viel Unerwartetes auszuschließen. Manchmal kann schon eine telefonische Terminvereinbarung schwierig werden. Auch hier hilft es zu üben.
Ich denke schon dass es wichtig ist den potenziellen Arbeitgeber über die Behinderung zu informieren. Meistens fallen wir sowieso schon durch unsere Unbeholfenheit und vermeintliche Schüchternheit in Gesprächssituationen auf und ich persönlich mag es nicht besonders, wenn ich dadurch den Eindruck hinterlasse dumm zu sein. Ich halte es für mich für eine ziemlich gute Idee, das Asperger-Syndrom gleich in der schriftlichen Bewerbung zu erwähnen. Eventuell schmälert das aber die Chancen zu einem Bewerbungsgespräch eingeladen zu werden, da wie schon erwähnt die Information darüber nicht allzu weit verbreitet ist. Bei uninformierten Arbeitgebern werden sich die ersten Missverständnisse aber meistens schon beim Bewerbungsgespräch ergeben. Meine Idee hierzu wäre, der schriftlichen Bewerbung ein kurzes Infoblatt beizulegen, aus dem sich auch die Vorteile für den Arbeitgeber ergeben. Nur selten wird sich ein potenzieller Arbeitgeber bemühen sich die Informationen eigenständig zu besorgen oder überhaupt auf die Idee kommen. Das wäre auch zuviel verlangt.
Eine Kurzinformation sollte an erster Stelle die besonderen Fähigkeiten des Bewerbers enthalten, vor allem die Fähigkeiten und Stärken, die für eine zukünftige Arbeit in der angestrebten Firma

wichtig sind. Dann können die Vorteile angeführt werden, die dem Arbeitgeber durch die Einstellung eines behinderten Mitarbeiters entstehen, zum einen durch die Qualifikationen des Bewerbers, zum anderen durch die staatlichen Förderungen für einen behindertengerechten Arbeitsplatz, wenn ein Schwerbehindertenausweis vorliegt. Zum Schluss sollten noch die Schwierigkeiten des Asperger-Syndroms im Allgemeinen und die persönlichen Probleme des Einzelnen im Besonderen aufgeführt werden. Eine Behinderung bedeutet ja nicht zwangsläufig eine Behinderung für den Arbeitsplatz, sondern sagt lediglich etwas über einige spezielle Einschränkungen aus, die nicht den Arbeitsbereich treffen muss oder nur eine geringfügige Einflussnahme hat. Das spielt eine wichtige Rolle für die Arbeitsplatzwahl, je ungehinderter durch seine Einschränkung ein Mensch mit einer Behinderung sich an seinem Arbeitsplatz einbringen kann, umso zufriedener und effektiver wird er an diesem Arbeitsplatz sein. Das ist für die persönliche Zufriedenheit von großer Wichtigkeit und dieses nicht nur für Menschen aus dem autistischen Spektrum.
Für die Einstellung behinderter Menschen sprechen für den Arbeitgeber, abgesehen von den oben bereits genannten, generell einige gute Gründe:

•körperliche Defizite sind häufig ausgeglichen (Hörgeräte, Prothesen, Rollstuhl etc.),
•Kostenersparnis für das Unternehmen bei der jährlichen Ausgleichsabgabe,

•Unterstützungsmöglichkeiten zur
Arbeitsplatzgestaltung bieten öffentliche
Einrichtungen wie Arbeitsagentur,
Integrationsamt und Rentenversicherung,
•die betroffenen Arbeitnehmer sind leistungswillig
und in besonderem Maße motiviert,
•Beschäftigung von Schwerbehinderten erhöht
das Firmenimage

Finanzielle Unterstützungsmöglichkeiten durch
die Arbeitsagentur/ARGE können
Eingliederungszuschüsse und befristete
Probebeschäftigungen sein. Außerdem ist eine
finanzielle Unterstützung bei der Ausstattung des
Arbeitsplatzes möglich. Für Fragen und nähere
Auskünfte stehen Ihnen Ihre jeweiligen
Ansprechpartner in der Agentur für Arbeit/ARGE
oder dem Sozialzentrum zur Verfügung.
Im Folgenden nenne ich nur einige Beispiele von
Förderungsmöglichkeiten.

Schaffung neuer Arbeits- und Ausbildungsplätze
für schwerbehinderte Menschen
> Zuschuss und/oder Darlehen zu den
Investitionskosten
> Ausbildung im Gebrauch der (technischen)
Arbeitsmittel
Die Förderhöhe richtet sich nach den Umständen
des Einzelfalles wenn
> schwerbehinderte Menschen ohne gesetzliche
Verpflichtung oder über die Pflichtquote hinaus
eingestellt werden.
> besonders betroffene schwerbehinderte

Menschen (§§ 71 Abs. 1; 72 SGB IX) eingestellt werden.
> schwerbehinderte Menschen nach einer Arbeitslosigkeit von mehr als 12 Monaten eingestellt werden.
> Arbeitsbedingungen verbessert werden oder eine sonst drohende Kündigung eines behinderten Menschen abgewendet wird.
> der Arbeitgeber sich angemessen an den Gesamtkosten beteiligt.
Die Zuständigkeit liegt hier beim Integrationsamt nach § 15 SchwbAV

Eingliederungszuschuss
> Zuschuss zum Arbeitsentgelt
Die Förderhöhe richtet sich nach dem Umfang der Minderleistung des Arbeitnehmers und den jeweiligen Eingliederungserfordernissen
> bis zu 50 Prozent des berücksichtigungsfähigen Arbeitsentgelts (inkl. des pauschalierten Anteils des Arbeitgebers am Gesamtsozialversicherungsbeitrag) im Regelfall
> bis zu 70 Prozent bei schwerbehinderten oder sonstigen behinderten Menschen.
Die Förderdauer beträgt bis zu 12 Monate im Regelfall und bis zu 24 Monate für schwerbehinderte oder sonstige behinderte Menschen
> bis zu 36 Monate für Arbeitnehmer, die das 50. Lebensjahr vollendet haben, bei einer Mindestförderung von 12 Monaten (und mindestens 30 Prozent des berücksichtigungsfähigen Arbeitsentgelts), wenn

ein Beschäftigungsverhältnis von mindestens einem Jahr begründet wird

Degression

> nach Ablauf von 12 Monaten um mindestens 10 Prozentpunkte wenn Arbeitnehmer aufgrund von Vermittlungshemmnissen, die in ihrer Person begründet sind, nur erschwert vermittelt werden können. Wenn Arbeitnehmer das 50. Lebensjahr überschritten haben, muss kein Vermittlungshemmnis vorliegen, wenn der Arbeitnehmer vorher mindestens 6 Monate arbeitslos war (oder ein Ersatztatbestand vorliegt) und ein Beschäftigungsverhältnis von mindestens einem Jahr begründet wird.

Zuständig ist hier die Arbeitsagentur (§§ 218, 421 f SGB III, SGB II-Träger § 16 Abs. 1 SGB II i. V. mit §§ 218, 421 f SGB III, Rehaträger § 34 Abs. 1 Nr. 2 SGB IX)

In Deutschland gibt es bereits einige Firmen, die gerne Menschen mit dem Asperger-Syndrom einstellen, weil sie sich der Vorteile bewusst sind. Einige dieser Firmen sind von Autisten selber gegründet worden. Im Ausland gibt es Firmen dieser Art schon länger. Zurzeit gibt es von Menschen aus dem autistischen Spektrum und auch von einigen örtlichen Stellen der Lebenshilfe, Bemühungen ein Arbeitshilfenetzwerk für Menschen aus dem autistischen Spektrum aufzubauen. Ein wichtiges Bindeglied für den Austausch hierüber sind Foren in denen sich Menschen aus dem autistischen Spektrum treffen.

Ein weiterer wichtiger Treffpunkt sind Selbsthilfegruppen, die entweder moderiert oder unmoderiert sind. Für die meisten Autisten ist es einfacher sich mit anderen Autisten auszutauschen und zu unterhalten, als den Austausch mit Neurotypischen Menschen zu suchen. Für mich besteht hier meistens das Problem darin, dass ich ständig das Gefühl habe, mich erklären zu müssen. Es findet dann kein wirklicher Austausch statt, sondern es artet in Vorträge meinerseits aus, da Autismus auch noch zu meinen Spezialinteressen gehört. Dennoch habe ich einige Nichtautistische Menschen mit denen ich mich sehr intensiv und angeregt über viele Themen unterhalten kann. Ebenso sind meine Freunde nicht autistisch. Diese Menschen entsprechen dann aber selten dem gängigen „Normalo". (Wenn sich das jetzt in irgendeiner Form beleidigend liest, bitte ich dieses zu entschuldigen, da das nicht in meiner Absicht liegt).

Selbsthilfegruppen oder Stammtische für Autisten finden sich in den meisten größeren Städten, auf dem Land ist das schon schwieriger. Das mag zum einen natürlich an der Bevölkerungsdichte liegen, zum anderen aber auch mit dem Umgang mit einer autistischen Behinderung. Ich denke dass gerade wenn die Behinderung nicht auf den ersten Blick augenscheinlich ist, diese im dörflichen Bereich lieber verschwiegen wird. Hinzu kommt sicherlich noch, dass häufig gerade für das Asperger-Syndrom keine Diagnose erstellt wird, weil hierzu die Notwendigkeit in der

Dorfgemeinschaft nicht besteht. Über „Sonderlinge" wird zwar natürlich geredet, dennoch sind sie in der Dorfgemeinschaft eher integriert, vor allem wenn sie ihren festen Platz haben, z.B. den elterlichen Betrieb übernehmen. Es ist natürlich von Vorteil wenn man sich mit anderen Menschen aus dem autistischen Spektrum austauschen kann. Es entstehen immer wieder Probleme, die Nichtautisten kaum nachvollziehen können und man kann sich gegenseitig unterstützen oder sich einfach nur mal über „die blöden NT´s" aufregen. Sorry, aber manchmal muss auch das sein.

Eigenständig und eigenverantwortlich leben

Da es für viele Menschen (nicht für alle) aus dem autistischen Spektrum nicht so einfach ist eigenständig und selbstverantwortlich zu leben möchte ich an diesem Punkt noch einmal näher darauf eingehen. Einiges hatte ich ja bereits weiter oben schon erwähnt.
Einige grundlegende Dinge sollten abgesichert und beherrscht werden, bevor eine eigene Wohnung angestrebt wird. Dazu sollte man sich einige Fragen beantworten, die auf einem Zettel notiert werden können, um den Überblick zu behalten. Die mir wichtig erscheinenden Fragen habe ich im Folgenden ausgeführt, es kommen sicher noch für den Einzelnen persönliche Aspekte hinzu.

1. Kann ich dafür sorgen mich regelmäßig, ausreichend und ausgewogen zu ernähren?
2. Kann ich alleine einkaufen gehen und andere Besorgungen erledigen?
3. Kann ich alleine von meiner Wohnung zu meinem Arbeitsplatz oder meiner Uni kommen?
4. Komme ich mit der Fürsorge für meinen eigenen Körper zurecht? (Pflege, Hygiene, Schmerzen und Veränderungen wahrnehmen, notwendige Arztbesuche ect.)
5. Habe ich ein vernünftiges Hilfenetz und kann ich dieses auch beanspruchen? (Bin ich in der Lage zu erkennen wann ich Hilfe benötige und um diese zu bitten).
6. Kann ich meine Wünsche und Bedürfnisse angemessen vertreten? (z.B. klar und unmissverständlich ausdrücken wenn ich z.B. keine körperlichen Berührungen wünsche oder Zeit für mich brauche).

Wenn nicht alle Fragen mit „ja" beantwortet werden können, sollte rechtzeitig interveniert werden. Es kann sinnvoll sein, gemeinsam mit einer vertrauten Person, einen Ernährungskurs zu besuchen. Manchmal haben wir sehr rigide Essvorlieben und sind dann selten in der Lage diese zu erweitern, hier kann es hilfreich sein mit dem Hausarzt über eine eventuelle Nährstoffergänzung zu sprechen. Auch ein Kochkurs kann sinnvoll sein und durchaus Spaß machen.

Um den Umgang mit unserem monatlichen Einkommen zu erleichtern kann ein Haushaltsplan aufgestellt werden. Feste Kosten wie Miete, Strom, Telefon ect. können mit einem Dauerauftrag überwiesen werden. Ein fester Einkaufsplan kann sinnvoll sein. Ebenso sollte daran gedacht werden monatlich einen festen Betrag für Kleidung, Bücher usw. und unvorhergesehene Ausgaben beiseite zu legen. Ein Haushaltsbuch zu führen, um den Überblick zu behalten, dürfte uns nicht allzu schwer fallen.

Den Weg von der Wohnung zur Arbeit oder Uni zurückzulegen, kann für einige Autisten zu einer echten Schwierigkeit werden. Reizüberflutung und dadurch bedingtes Abschalten ist im Straßenverkehr kein sehr günstiger Faktor und kann auch zur Orientierungslosigkeit führen. Es ist schwierig das zu üben und funktioniert in diesem Fall auch nicht unbedingt. Versuchen sollte man es auf alle Fälle. Ansonsten ist es eine gute Möglichkeit, einen Arbeitskollegen oder Mitstudenten zu finden mit dem der Weg gemeinsam zurückgelegt werden kann. Ich habe diesbezüglich immer sehr viel Hilfsbereitschaft erfahren. Sollte sich keine Möglichkeit einer Begleitung finden, so besteht noch die Möglichkeit über das persönliche Budget einen Begleiter zu finanzieren. Die zuständige Servicestelle bei der ein Antrag gestellt werden kann, ist beim Versorgungsamt, Rentenversicherungsamt und bei jedem anderen Rehabilitationsträger nachzufragen oder im Internet zu finden. Eine Servicetelefonnummer der Rentenversicherungshauptstelle findet sich auch im Adressenanhang.

Für die persönliche Pflege und Hygiene kann es sinnvoll sein einen Plan aufzustellen. Einige Autisten haben nur sehr wenig Körpergefühl, Schmerzen und Veränderungen werden dann oft nicht wahrgenommen. Eventuell ist es hilfreich sich eine Checkliste zu erstellen oder regelmäßig mit einer vertrauten Person hierüber zu sprechen. Vorsorgeuntersuchungen und ein regelmäßiger Besuch bei dem Hausarzt sollten selbstverständlich werden.

Ein Hilfenetz sollte folgende Punkte enthalten:
Wen kann ich anrufen wenn ich psychische Probleme habe mit denen ich nicht alleine zurecht komme (Freunde, Geschwister, Eltern, Therapeut).
An wen wende ich mich bei Problemen auf der Arbeitsstelle oder im Studium (Integrationsfachdienst, Studienberatung, usw.)
Wichtig ist es auch abzuklären ob ich überhaupt in der Lage bin zu erkennen, wann ich Hilfe benötige. Ist dieses nicht der Fall, kann wiederum eine Checkliste erstellt werden. Es ist dann auch von Vorteil engen Kontakt (telefonisch, persönlich oder E-Mail) zu einer vertrauten Person zu halten. Es ist wichtig ein höchstmögliches Maß an Eigenständigkeit und Eigenverantwortung zu erreichen, dass bedeutet aber auch seine Möglichkeiten nicht zu überschätzen und diese

auszubauen. Wenn am Anfang vielleicht auch noch relativ viel Hilfe benötigt wird, so muss dieses nicht zwangsläufig ein Dauerzustand sein. Außerdem ist es kein Zeichen von Schwäche oder Unvermögen sich einzugestehen dass Hilfe benötigt wird und darum zu bitten, sondern es zeugt von Eigenverantwortung. Das ist nicht nur für uns selber beruhigend, es beruhigt auch die Menschen um uns herum, die sich vielleicht sorgen, dass ein eigenständiges Leben und Wohnen nicht möglich ist (gerade Eltern neigen manchmal dazu).

Das angemessene Vertreten seiner Wünsche und Bedürfnisse ist von Bedeutung. Der Einzug in eine neue Wohnung bedeutet auch ein neues Umfeld in dem unsere Eigenarten noch nicht bekannt sind. Oftmals haben wir eine Abneigung gegen Berührungen die für andere Menschen selbstverständlich sind, z.B. Händeschütteln oder im Gespräch kurz den Arm berühren usw. Für die meisten Menschen ist diese Art der Kommunikationsunterstützung ein durchaus normales Verhalten. Sie setzen es intuitiv ein und machen sich keine Gedanken darüber, dass dieses für uns unangenehm sein könnte. Wir können durchaus sachlich mit einer kurzen Erklärung darauf hinweisen, dass uns das unangenehm ist (diese Erklärung werden wir aber sicherlich öfter wiederholen müssen). Ebenso sollte es in einer sich eventuell ergebenden Beziehung wichtig sein, seine Bedürfnisse zu vertreten und adäquat zu reagieren. Das wird

nicht immer gelingen und bedarf vermutlich einiger Übung. Wir sollten keine Berührungen und Handlungen zulassen die wir nicht wünschen oder die uns unangenehm sind, nur weil es sich in einer „normalen" Beziehung so gehört und als richtig empfunden wird. Das bedeutet noch lange nicht, dass es für uns richtig ist und wir müssen und sollten das nicht zulassen.
Ich möchte an dieser Stelle noch kurz auf Alkohol und Drogenkonsum eingehen. Alkohol und Drogen können Ängstlichkeit verstärken, außerdem verhindert ein Konsum adäquate Reaktionen und setzt die Hemmschwelle herab. Das kann dazu führen das dann Dinge getan oder zugelassen werden die so nicht gewünscht sind. Dieses können zum Beispiel sexuelle Handlungen sein. Von einem Drogen- oder Alkoholkonsum ist definitiv abzuraten, das heißt aber nicht, dass man in Gesellschaft nicht mal ein Glas Wein trinken kann. Ich persönlich reagiere sehr schnell depressiv auf Alkohol, meine Grenze ist nach einem Glas Wein erreicht. Wenn man das unbedingt ausprobieren möchte, sollte das in vertrauenswürdiger Gesellschaft geschehen.

Zum Abschluss möchte ich noch das Kurzkonzept „Ich packs" der Gruppe „Persönliche Zukunftsplanung für Menschen mit Autismus" vorstellen. Das Kurzkonzept hat Carsten Donath entwickelt und mir von ihm freundlicher zur Verfügung gestellt. Es wäre wünschenswert ,wenn es in Zukunft mehr Gruppen dieser Art geben würde.

„Ich packs!"

In dieser Gruppe werden autistische Menschen zu einem lösungsorientierten Prozess eingeladen, um konkrete Bilder einer wünschenswerten, individuellen Zukunft und gemeinsame Strategien ihrer Verwirklichung zu entwickeln. Hierbei wird der einzelne, autistische Mensch nicht mit seinen Defiziten wahrgenommen, sondern mit seinen Träumen, Stärken, Interessen und Fähigkeiten als einzigartiges Individuum gesehen. Vorrangiges Ziel ist es, die einzelne Person zu stärken und ihre individuellen Möglichkeiten zu erkunden. Dabei wird auf Bewährtes zurückgegriffen und vorgestellt, Neues entdeckt und ausprobiert. Insgesamt wird alles als Gesamtprozess angesehen und stellt somit nicht nur eine momentane Ist- Stand -Analyse dar. Unter anderem werden solche Leitfragen gemeinsam erarbeitet, wie:

• Worin bestehen Ihre Stärken?
• Wie möchten Sie leben?
• Wobei benötigen Sie Unterstützung?
• Wovon träumen Sie?
• Welche Schritte sind nötig, um Ihr Ziel zu erreichen?

Persönliche Zukunftsplanung:

• ist individuell
• knüpft an Stärken und Fähigkeiten an
• will die Person bestärken, selbst zu entscheiden

• ist zukunftsbezogen
• geht um Freundschaft, Freizeit, Arbeit, Beteiligung in der Gemeinschaft
• der Planende steuert maßgeblich den Planungsprozess
• wenn möglich, Einbeziehung von Familie und Freunden, persönliche Beziehungen dienen als wichtige Unterstützungsquelle
• es wird ein Übergang vom Bedürfnis zum Motiv geschaffen
• entsprechend des „Rubikonprozesses" wird nach Überquerungsmöglichkeiten gesucht
• ein Ressourcenpool wird erarbeitet
• Ausführungsintentionen werden gefunden und erarbeitet
(enthalten in den 5 Phasen des „Zürcher Ressourcen Modell", welches während der Gruppentätigkeit intensiv angewendet wird)
• Fokus auf Stärken und Möglichkeiten statt Begrenzungen und Defizite
• Schwerpunkt auf Lebensräume, Dienste, Unterstützung der Gemeinde oder im Stadtteil statt in Sondereinrichtungen nur für Autisten
• Planungsprozess toleriert Ungewissheiten, Fehlstarts, Rückschläge und Meinungsverschiedenheiten, Umorientierung, Neuorientierung
• lebt von der Auseinandersetzung mit Wirklichkeit, Träumen und Humor

Methoden der persönlichen Zukunftsplanung:

• *Themenblätter* wie: meine Fähigkeiten, welche Bereiche in meinem Leben wichtig sind, in welchen Bereichen meines Lebens ich selber entscheiden kann und in welchen ich von anderen bestimmt werde, welche Dinge ich ohne Hilfe kann, welche Dinge ich demnächst lernen möchte, wo ich Hilfe benötige, wieso arbeiten, Fragebögen, Checklisten, Mandala, Glücksrad etc.
• Erstellen eines *persönlichen Stärkeprofils*
• *„Meine Gebrauchsanweisung"*
• *„Der Notfallkoffer"*
• *Karten*: Dream cards, Neue Hüte, Lebensstilkarten,
• *Persönliches - Handbuch*: „Ich packs" (Dokumentation des Planungsprozesses)
• Gruppentreffen, Talkrunden, Persönliche Zukunftsplanungstreffen, Unterstützerkreise, Freundeskreise
• Problemlösungstechniken
• Moderationstechniken

In dem gesamten Gruppenkonzept werden das **Zürcher Ressourcen Modell** als wichtiger Bestandteil, die Ziele und Methoden der Sozialkompetenzgruppe nach Häussler auf der Basis des Teacchansatzes, die **„Persönliche Zukunftsplanung"** und verschiedene Methoden des „Peer Counseling" verwendet, intensiv eingearbeitet und entsprechend der individuellen Bedürfnisse autistischer Menschen verändert und angepasst.

Nach etwa 3 Monaten des Gruppenprozesses werden vor allem die Methoden der „Persönlichen Zukunftsplanung"
von *5 methodischen Schritten aus dem Zürcher Ressourcen Modell* abgelöst:

• Mein aktuelles Thema klären
• Vom Thema zu meinem Ziel
• Vom Ziel zu meinem Ressourcenpool
• Mit meinen Ressourcen zielgerichtet handeln
• Integration, Transfer und Abschluss

Vorgesehener Zeitrahmen des gesamten Prozesses sind max. 12 Monate und erfolgt sequentiell an Einzeltagen einmal pro Woche für mindestens 2,5 Stunden.
Der Leiter dieser Gruppe bietet diesen Prozess zur Zeit ehrenamtlich an.
Die maximale Zahl der Teilnehmenden ist auf 8 Personen zu beschränken. Da im Laufe der Gruppentätigkeit häufig in Kleingruppen gearbeitet wird, bedarf es außer einem Raum für das Plenum noch max. 2 kleinerer Nebenräume. Für den Plenumsraum selbst hat sich eine Kreisbestuhlung bewährt, mit einigen, wenigen Tischen außerhalb des Kreises. Wenn möglich, sollte die Ausstattung folgendes umfassen:

• 1-2 Flipcharts, Papier, Filzschreiber
• 2 Pinnwände
• 1 Musikabspielgerät
• Malpapier, Malkreiden, Filzschreiber

• Pro Teilnehmer sollte eine leere Mappe vorhanden sein.

Jedes Element der Trainingseinheit wird mit einem knappen Impulsreferat eröffnet, welches 10 Minuten bis max. 30 Minuten dauert. .

Es wird viel mit Visualisierung und festen Strukturen gearbeitet. Wichtig ist mir bei dieser Arbeit die Transparenz für die Teilnehmenden, die ich mit einer wiederkehrenden Programmvorschau gewährleiste.
Gearbeitet und kommuniziert wird u.a. nach dem „Hebammenprinzip".
(Das Prinzip geht von der aus der humanistischen Psychologie bekannten Annahme aus, dass alle Menschen zu erkennen vermögen, was für sie jeweils wünschenswert und zuträglich, bzw. nicht zuträglich ist. Zudem beinhaltet es die Überzeugung, dass Menschen grundsätzlich selber im Stande sind, ihre Ziele anzugehen und auftretende Probleme selbst zu lösen. Zurückgehalten wird sich mit eigenen, inhaltlichen Stellungnahmen, Urteilen und Ratschlägen, es sei denn, diese werden ausdrücklich vom Gegenüber erbeten oder durch das didaktische Arrangement explizit gefordert. („Ideenkorbverfahren"). Während am Anfang die Stärkung der eigenen Persönlichkeit im Vordergrund steht, wird zum Ende hin eine doppelte Zielsetzung verfolgt: Bestärkung / Förderung der jeweiligen Einzigartigkeit jeder teilnehmenden Person einerseits und Nutzung der

Gruppe als Ressource andererseits. Die Vorgabe zweier getrennter Bereiche wird durch ein klares didaktisches Arrangement unterstützt und praktisch umgesetzt: Der individuelle Raum ist durch die im Trainingsverlauf immer wieder erfolgenden Phasen der Einzelarbeit und materiell durch das persönliche Handbuch bzw. durch die darin enthaltenen Arbeitsblätter gegeben, in denen die Teilnehmenden die Ergebnisse der einzelnen Arbeitsschritte, den Einblick Dritter entzogen, nach und nach festhalten. Der öffentliche Raum ist zum einen gegeben durch den im Plenumsraum stattfindenden Austausch. Zum anderen konkretisiert er sich in Form einer „Erlebnisgalerie". Die Arbeiten und Gespräche in Kleingruppen nehmen auf dieser Dimension „privat – öffentlich" eine Zwischenstellung ein. Zusammenfassend lassen sich folgende Kursziele und der daraus resultierende Nutzen formulieren:

Sie-
• entscheiden, was Ihnen in Ihrer aktuellen Lebenslage besonders wichtig ist,
• erleben eine neue, ressourcenorientierte Art, mit sich und anderen umzugehen,
• lernen, eigene bereits vorhandene Stärken und Möglichkeiten (Ressourcen) zu entdecken, sie wertzuschätzen und systematisch zu nutzen,
• erweitern Ihren Entscheidungsspielraum und Ihr Handlungsrepertoire und
• eignen sich ein ressourcenorientiertes, lustvolles Verfahren des Selbstmanagements an.

Dieses Gruppenangebot ist bis jetzt vor allem für Jugendliche, die sich in einer Berufsausbildung befinden bzw. sie bereits abgeschlossen haben und für Erwachsene konzipiert, lässt sich allerdings auch für jüngere Menschen mit Autismus jederzeit entsprechend der Entwicklungsaufgaben des entsprechenden Alters neu strukturieren. Dort wird dann z.B. auf das „ZRM - Jugend a" zurückgegriffen. Wissenschaftlich wird dieser Prozess von Herrn Dr. Frank Krause (Mitbegründer des „Zürcher Ressourcen - Modell") punktuell begleitet.

Carsten Donath
(Theater - und Heilpädagoge und in Ausbildung
zum „Fachbetreuer für Autismus")

Ich habe versucht in diesem Buch alle mir wichtig erscheinenden Dinge mit einzubeziehen, die eine oder andere Frage wird dennoch offen geblieben sein.

Im Anhang findet sich eine Adressenliste mit bundesweiten Institutionen und BBW die auf die Ausbildung von autistischen Menschen ausgerichtet sind.

Adressenliste (Stand Februar 2009):
(es wird kein Anspruch auf Vollständigkeit erhoben)
Bundesweit:
Deutsche Rentenversicherung Bund
10704 Berlin
Service-Telefon der Deutschen Rentenversicherung
Bund: 0800 10 00 480 70
E-mail: meinefrage@drv-bund.de
http://www.deutsche-rentenversicherung-bund.de

**Bundesarbeitsgemeinschaft der Integrationsämter
und Hauptfürsorgestellen (BIH)**
Erzbergerstraße 119
76133 Karlsruhe
Telefon: 07 21 / 81 07 - 901 und - 902
Telefax: 07 21 / 81 07 - 903
E-Mail: bih@integrationsaemter.de
Internet: www.integrationsaemter.de

**Deutsches Studentenwerk /
Informations- und Beratungsstelle
Studium und Behinderung**
Monbijouplatz 11, 10178 Berlin
Telefon: 030/29 77 27- 61 Fax: 030/29 77 27 - 69
E-mail: studium-behinderung@studentenwerke.de
http://www.studentenwerke.de/

Integrationszentrum MAut
Menschen mit Autismus
Schwanthaler Str. 18
80336 München
Tel.: (089) 54851-0
Fax: (089) 54851-250
E-mail: info@m-aut.de

Autismus Kompetenzzentrum Oberbayern gGmbH
Kontakt- und Beratungsstelle
Eisenacher Str. 10 (Eingang Wartburgplatz)
80804 München
Tel.: 089 / 4522587 – 0 Fax: 089 / 4522587 – 19
E-Mail: info(at)autkom-obb.de www.autkom-obb.de

Berufsbildungswerke

Berufsbildungswerk
Adolf Aich gGmbH
Schwanenstraße 92
88214 Ravensburg
Telefon 07 51/35 55-8 Telefax 07 51/35 55-61 09
E-Mail info@bbw-rv.de

Berufsbildungswerk
St.Franziskus Abensberg
Regensburger Str.60
93326 Abensberg
Telefon 0 94 43/ 7 09-0
E-Mail Heike.Vogel@bbw-abensberg.de

Theodor-Schäfer-Berufsbildungswerk Husum
Theodor-Schäfer-Straße 14-26
25813 Husum
Telefon: 0 48 41 - 89 92 - 0
Telefax: 0 48 41 - 89 92 - 118
E-Mail: info@tsbw.de

BerufsBildungsWerk
Greifswald gGmbH
Pappelallee 2
17489 Greifswald
Telefon: 03834 873-0
Telefax: 03834 873-105
E-Mail: bbw-greifswald@t-online.de

Weitere Bücher von Katja Carstensen:

Das Asperger-Syndrom
Sexualität, Partnerschaft und Elternsein
ISBN 978-3-8370-7768-1
Dieses Buch ist ein kleiner Ratgeber für Menschen mit dem Asperger-Syndrom und ihre Partner. Ich hoffe dass es einige Fragen der Partnerschaft, der Sexualität und des Eltern sein beantworten kann und eine Hilfe für Alltagsfragen ist. Mir war es wichtig, dass hier nicht nur meine Sichtweise als Asperger-Autist zum tragen kommt, sondern auch die Sichtweise des Nichtautistischen Partners beachtet wird und sich hier die eine oder andere beiderseitige Verständnismöglichkeit ergibt.

Thesaurus congeri
ISBN 978-3-8370-7993-7
Dieses Buch ist eine kleine Ansammlung eines reichhaltigen inneren Chaos` aus dem Leben einer Asperger-Autistin. Hier finden sich Gedankensequenzen und Erinnerungen an die Kindheit ebenso wie Gedichte und eine Kurzgeschichte über eine kleine autistische Spinne

THESAURUS CONGERI II
ISBN 978-3-8370-8910-3
Eine weitere chaotische Ansammlung von Gedankensequenzen, Episoden, Erinnerungen aus der Kindheit, Kurzgeschichten und Gedichten.

Unkraut in meinen Rosen (Roman)
ISBN 978-3-8370-8270-8
Meine Vergangenheit habe ich längst verarbeitet. Wünsche und Träume verloren sich in der Realität oder fanden ihre Erfüllung. Der vorliegende Roman ist ein Teil eines langen, harten Weges, auf der Suche nach mir selbst. Heute bin ich angekommen, jedoch ohne einen Stillstand zu erreichen, den ich auch nicht wünsche.

Die Sprache der Bilder (Roman)
ISBN 978-3-8370-7821-3
Dieser Roman ist, genau wie der bereits vorliegende Roman „Unkraut in meinen Rosen", eine weitere Station auf meinem Weg. Ich schreibe immer dann, wenn erlebte Situationen ihren Ausdruck finden müssen oder ich durch fiktive Geschichten (die immer wahre Elemente enthalten) einen Ausweg finden muss, wenn ich mich einem Erlebnis, zu diesem Zeitpunkt noch nicht stellen kann.